Das alte Jahr geht langsam zu Ende, ein neues nimmt seinen Anfang. In den Tagen zwischen den Jahren scheint das ewige Hamsterrad stillzustehen, und wir haben endlich Zeit und Muße für das, was im Alltagsstress schon viel zu lange aufgeschoben wurde. Wir können zur Ruhe kommen und einfach das Leben genießen: liebe Freunde treffen, in der Stille des neu gefallenen Schnees spazieren gehen oder durch die Stadt schlendern, ein gutes Buch zur Hand nehmen oder einfach die Stille genießen …
Der vorliegende Band lädt ein, schöne Augenblicke und genussvolle Momente mit berühmten Autoren zu teilen – und er möchte dazu verführen, Neues zu entdecken und auszuprobieren. Ein kurzweiliger Begleiter in das neue Jahr mit zahlreichen Anregungen.
Mit Texten von Lily Brett, Eva Demski, Rose Tremain, Wilhelm Schmid, Hermann Hesse, Lars Mytting, Tom Hodgkinson, Rainer Maria Rilke, Robert Walser u. v. a.

insel taschenbuch 4486
Lektüre zwischen den Jahren

Lektüre zwischen den Jahren 2016

ZEIT ZUM GENIESSEN

Herausgegeben von Gesine Dammel

Insel Verlag

Erste Auflage 2016
insel taschenbuch 4486
Originalausgabe

Hinweise zu dieser Ausgabe am Schluss des Bandes
Vertrieb durch den Suhrkamp Taschenbuch Verlag
Umschlagabbildung: Hans Traxler
Satz: Satz-Offizin Hümmer GmbH, Waldbüttelbrunn
Druck: CPI – Ebner & Spiegel, Ulm
Printed in Germany
ISBN 978-3-458-36186-2

INHALT

Augenblick

Ich liebe diese Stunde, die anders ist, kommt und geht. Nein, nicht die Stunde, diesen Augenblick liebe ich, der so still ist. Diesen Anfangs-Augenblick, diese Initiale der Stille, diesen ersten Stern, diesen Anfang. Dieses Etwas in mir, das aufsteht, wie junge Mädchen aufstehn in ihrer weißen Mansarde. In der weißen Mansarde, in der sie wohnen, seit sie erwachsen sind. (O das kam eines Tages und da verwandelte sich das ganze Haus.) Nun aber ist die weiße Mansarde das Leben und wenn man am Morgen an das immer offene Fenster tritt, so sieht man die Welt. Große Bäume sieht man, die immer noch wachsen, Vögel sieht man und große Zweige schwanken von ihrem Abflug und es ist als wäre der Wind in einem Tier und in den Stämmen die Stille.

Ich liebe diesen Wind, diesen weiten verwandelnden Wind, der dem Frühling vorangeht, ich liebe das Geräusch dieses Windes und seine ferne Gebärde, die mitten durch alle Dinge geht als wären sie nicht.

Diese Nacht liebe ich. Nein, nicht diese Nacht, diesen Nachtanfang, diese eine lange Anfangszeile der Nacht, die ich nicht lesen werde, weil sie kein Buch für Anfänger ist. Diesen Augenblick liebe ich, der nun vorüber ist und von dem ich, da er verging, fühlte, daß er erst sein wird. –

Rainer Maria Rilke

Ausspannen!

»Ausspannen und abschalten sollten Sie einmal ein paar Tage!« Diesen Rat gibt man gern denen, die überlastet, überarbeitet und gestresst wirken. Der Rat ist ja wahrlich ein guter, nur fruchtet er leider meistens kaum, denn nichts im Leben fällt manchen Leuten schwerer als geruhsame Untätigkeit.
Sie sind ans »Eingespanntsein« so gewöhnt wie ein alter Droschkengaul, sie sind so eingeschaltet wie ein zwölfflammiger Luster und haben keinen Kippschalter zum Abdrehen.
Ich weiß, wovon ich rede, denn ich gehöre auch zu dieser Sorte von Menschen. Nichts wünsche ich mir sehnlicher, als eine Woche lang einfach gar nichts tun zu müssen. Doch kommt dann alle paar Jahre einmal tatsächlich so eine Woche, dann bin ich ratlos und verwirrt.
Diese raren Wochen können mir natürlich nur in der Fremde zustoßen, denn daheim finden sich Leute wie ich, wenn sie der Berufsarbeit entsagen, schnell eine berufsfremde Arbeit, die sie schuften lässt wie Stachanow.
Eine alte Kredenz abbeizen etwa, alle Fenster streichen, die Möbel umstellen, den Dachboden entrümpeln, einen Blazer schneidern oder andere ungeheuer lebenswichtige Beschäftigungen.

Und der schöne Stress, diese Arbeit in der arbeitsfreien Zeit zu schaffen, ist gegeben.
In ferner Fremde jedoch bleiben einem derartige tagesfüllende Tätigkeiten verschlossen, und dann hockt man, sei es am Strand, sei es auf der Wiese, sei es in der Hotelbar, und tut unheimlich locker und entspannt, ganz so, als sei man beglückt dem Nichtstun hingegeben.
Aber tief drinnen in einem, da ist alles angespannt und irgendwas vibriert und liegt auf der Lauer. Und klingelt das Telefon auf der Theke der Hotelbar, zuckt man zusammen und fühlt sich betroffen.
Dass einen hier Telefongeklingel gar nichts angeht, dass hier absolut keiner etwas von einem will, muss man erst lernen. Es lässt sich natürlich lernen.
Am vierten Ausspanntag irritiert die Telefonklingel nicht mehr, am fünften schafft man es schon, in der Sonne zu dösen, ohne an zukünftige oder vergangene Berufsarbeit zu denken.
Am sechsten gelingt einem schon ein dreistündiger Mittagsschlaf, und am siebenten hätte man das Ausspannen und Abschalten kapiert.
Aber da muss man dann leider abreisen.

Christine Nöstlinger

Bahnfahren

Wir fahren Bahn. Westfalen erwartet uns, zum Bodensee zieht es uns hin, in Bebra steigen wir um, Husum ist nicht weit. Wir speisen und schlafen in der Bahn, rauchend lehnen wir im langen Gang. Eine Bahnfahrt kann aufregend sein, wenn man eine Bekanntschaft macht. Als Herr erklärt man die Gegend, als Dame läßt man sich erklären die Gegend. Wie erklärt man, was es für ein eigenartiges Denken ist, wenn man in der Bahn an die Leute in ihren ruhigen unbeweglichen Häusern denkt? In der Bahn verliert man das Gefühl, immer gebunden und abhängig zu sein; es bleibt aber das Gefühl von Sicherheit, auch wenn man zu allen Abenteuern bereit ist. Die Landkarte in der Bahn zeigt die großen Zusammenhänge. Zähle die Menschen, die Schicksale, die Abschiede, die Wiedersehensfreuden, die Erlebnisse, die Unglücke, die Verspätungen, die Entscheidungen, die Trennungen, die Wartezeiten, die Unruhen, die Genüsse, die alle in diesem Augenblick zu tun haben mit der Bahn. Als wir Kinder waren, war die erste Sensation der Ferien die Bahn. Der Tunnel war endlos. In Gedanken ritten wir auf Pferden über Äcker, Gräben, Flüsse neben her der Bahn. Nachts hörten wir das nächtliche Rauschen. Wir sparten und sparten, um zur fernen Jugendliebe zu fahren mit der Bahn. Die Ziege ist vorm Wolf geschützt. Urlaub ist überall. Der Nebel hat uns nichts an. Das ärmste Land hat für den Ärmsten noch die Bahn. Der Reiche wird nicht reicher in der Bahn. Der Gesunde bleibt gesund. In jedem Dorf steht jemand und winkt, und soviel Fernweh, Heimweh, Sehnsucht, Kummer und Enttäuschung er hat, er ist nicht ausgeschlossen von der Bahn. Schimpfen darf jeder, kein Schaffner ist bewaffnet, Köche und Kellner werden nicht seekrank. Die Alpen. Der Harz. Die Eifel. Die Rhön. Das ganze Ausland, in das fährt die Bahn, aus dem fährt sie zurück, heim, wo immer das ist. So sind und bleiben, so denken, reden und handeln wir für die Bahn.

Jürgen Becker

Im-*B*ett-Bleiben

Was machen mit diesem »angebrochenen Tag«? Ich tat das Beste, was man, sobald diese Frage überhaupt auftaucht, tun kann: ich warf mich aufs Bett und schlief. Man sollte im Leben, ganz besonders aber auf Reisen viel häufiger davon Gebrauch machen, als es geschieht. Warum unterbleibt es? Weil die wenigsten unter uns mit dem Philistrismus vollständig gebrochen haben und immer neunhundertneunundneunzig unter tausend wie eine ewige Kükeneierschale die Vorstellung mit sich herumtragen, daß man um zehn oder elf zu Bett gehen und um sechs oder sieben aufstehen müsse. Wenige haben den Mut, zu essen, wenn sie hungern, noch wenigere den Mut, zu schlafen, wenn sie müde sind. Alle haben wir eine Neigung, uns zum Sklaven der Stunde und der Überlieferung zu machen.

Theodor Fontane

*B*rotbacken

Wie bei all unseren Erfahrungen mit der Selbstversorgung waren auch unsere Versuche, zu Hause Brot zu backen, von Fehlschlägen und Enttäuschungen begleitet. Aber wenn alles klappt, schaffst du einen gleichermaßen wundervollen wie befriedigenden Hochgenuss für die Sinne. Ein gut durchgebackenes Brot aus dem Ofen herauszunehmen kommt einem Blick ins Paradies gleich. Die Kruste ist goldbraun, und das Brot ist wunderbar aufgegangen. Der Duft des Brotes schlägt dir entgegen, genau wie die Hitze des Ofens.

Nun sehen wir uns an, wie man Brot macht. Nimm eine sehr große Schüssel und fülle sie zur Hälfte mit Mehl. Rühre eine Handvoll Hefe und eine Handvoll Salz hinein. Dann mache in der Mitte eine Vertiefung und gieße, während du die ganze Zeit mit einem Holzlöffel umrührst, langsam lauwarmes Wasser hinein, bis du einen schönen Matsch hast. Füge einen Löffel Olivenöl (das die Feuchtigkeit im Brot halten soll) hinzu und rühre den Brei zwei Minuten lang um. Dann bestreue das Ganze sehr dünn mit einer Handvoll Mehl und bedecke die Schüssel mit einem Geschirrhandtuch. Die Masse wird zu blubbern und zu schäumen beginnen. Wenn der Teig an einem warmen Platz steht, wird er sich das erste

Mal sehr schnell heben. An einem kühlen Ort geschieht das langsam. Manchmal stellen wir ihn über Nacht in den Kühlschrank, manchmal warten wir nur vier Stunden.
Jetzt schütte eine Ladung Mehl auf den Küchentisch und kippe den Matsch darauf. Nun vermischst du das Mehl mit dem Brei zu einem schön elastischen Teig. Drehe den Teig beim Kneten immer wieder um, ziehe ihn, falte ihn, schlage ihn – bring die Luft hinein. Mach dies 10 bis 15 Minuten lang. Cobbett empfiehlt, einen ganzen Scheffel Mehl zu verwenden, also rund 25 Kilo. Wir nehmen immer insgesamt etwa ein Kilo Mehl und bekommen daraus vier oder fünf köstliche Brotlaibe.
Zerteile den Teig in mehrere Klumpen und lege sie auf ein Blech oder in Dosen. Bestreue sie mit ein wenig Mehl und schneide sie mit einem Messer tief ein. Bedecke sie wieder, damit sie warm bleiben und ihre Feuchtigkeit behalten. Lass sie gehen, bis sie etwa die doppelte Größe erreicht haben. Sie können an einem warmen Ort stehen bleiben, wo sie, wie zuvor, schnell auftreiben, oder an einem kühlen Platz, wo es länger dauert. Du kannst die Zeiten abhängig von deinem Terminplan auswählen. Der Ofen allerdings sollte sehr heiß sein, mindestens 250 Grad Celsius, und die Backzeit, je nach Ofentemperatur, 20 bis 30 Minuten betragen.
Du kannst mühelos ein ganz individuelles Brot ba-

cken und fast alles zu deiner Backmischung hinzufügen. Honig kann einen guten Geschmack ergeben, und manche nehmen zusätzlich Schmalz oder Milch; auch Haferflocken oder gekochte Erbsen oder Rosinen sind möglich. Es ist kinderleicht, dein eigenes, einzigartiges Brot zu erfinden, das so noch nie von irgendjemandem gemacht wurde. Und das ist der andere, sehr reizvolle Aspekt von selbst gebackenem Brot: Jeder Laib ist anders. Wegen der zahllosen das Backen beeinflussenden Faktoren – der Zeit des Gehens, der Qualität und Menge des Wassers, der Art und Mischung des Mehls, der Ofenhitze, der Salzart und so weiter – wirst du nie dasselbe Brot zweimal bekommen. Daher hast du immer ein individuelles Brot statt des uniformen Produkts, das aus den dunklen satanischen Brotfabriken der schönen neuen Welt heraufsteigt.

Indem du lernst, dein eigenes Brot zu machen, wirst du das beste Brot kreieren, das du je gekostet hast.

Tom Hodgkinson

Café crème

Wer sich auf silbernem Brettchen, mit Butterkugeln und Marmelade garniert, den Morgenkaffee auf seinem Pariser Zimmer servieren läßt, weiß nichts von ihm. Im bistro muß man ihn nehmen, wo zwischen den Spiegeln das petit déjeuner selber ein Hohlspiegel ist, in dem das kleinste Bild dieser Stadt erscheint. Bei keiner Mahlzeit sind die Tempi verschiedener, vom mechanischen Handgriff des Angestellten, der am zinc sein Glas Melange herunterstürzt, bis zum beschaulichen Genusse, mit dem, in der Pause zwischen zwei Zügen, ein Reisender langsam die Tasse leert. Und selber sitzest du vielleicht neben ihm, am gleichen Tische, auf der gleichen Bank und bist doch weit entfernt und für dich. Deine morgendliche Nüchternheit opferst du, um etwas zu dir zu nehmen. Und was nimmst du mit diesem Kaffee nicht alles zu dir: den ganzen Morgen, den Morgen von diesem Tag und manchmal auch den verlorenen des Lebens. Hättest du als Kind an diesem Tische gesessen, wieviel Schiffe wären nicht über das Eismeer der Marmorplatte gezogen. Du hättest gewußt, wie es auf dem Marmara-Meere aussieht. Den Blick auf einen Eisberg oder ein Segel hättest du einen Schluck für den Vater und einen für den Onkel und einen für den Bruder genommen, bis an den dicken Rand deiner Tasse, breites Vorgebirge, auf welchem die Lippen ruhten, langsam die Sahne wäre angeschwemmt gekommen. Wie schwach ist dein Ekel geworden. Wie schnell und wie hygienisch geht es zu: du trinkst; du tunkst nicht, du brockst nicht ein. Verschlafen greifst du nach der madeleine im Brotkorb, brichst sie und merkst nicht einmal, wie es dich traurig macht, sie nicht teilen zu können.

Walter Benjamin

*D*inerabend

Oh, in Gesellschaft zu gehen, das ist gar nicht so ohne. Man zieht sich so hübsch an, wie es einem die Verhältnisse, in denen man vegetiert, gestatten, und begibt sich an Ort und Stelle. Der Diener öffnet die gastliche Pforte. Gastliche Pforte? Ein etwas feuilletonistischer Ausdruck, aber ich liebe es, mich im Stil kleiner Tagesware zu bewegen. Ich gebe mit so viel Manier, als ich kann, Hut und Mantel ab, streiche mein ohnehin glattes Haar vor dem Spiegel noch ein wenig glätter, trete ein, stürze mich dicht vor die Herrin des Hauses, möchte ihr die Hand gleich küssen, gebe indessen diesen Gedanken auf und begnüge mich damit, eine vollendete (?) Verbeugung vor ihr zu machen. Vollendet oder nicht, vom geselligen Zug hingerissen, entfalte ich jetzt eine Menge Schwung und übe mich in den Tönen und Sitten, die zu den Lichtern und Blumen am besten zu passen scheinen. »Zum Essen, Kinder«, ruft die Hausfrau aus. Schon will ich rennen, ich erinnere mich aber rasch, daß man so etwas nicht tun soll, und ich zwinge mich zu einer langsamen, ruhigen, stolzen, bescheidenen, gelassenen, geduldigen, lächelnden, flüsternden und schicklichen Gangart. Es geht vortrefflich. Entzückend sieht mir da wieder einmal die Tafel aus. Man setzt sich, mit und ohne Dame.

Ich prüfe das Arrangement und nenne es im stillen ein schönes. Wäre noch schöner, wenn einer wie ich irgend etwas an der Dekoration auszusetzen hätte! Gottlob, ich bin bescheiden, ich danke, indem ich jetzt zugreife, zugable und messere und löffle und esse. Wunderbar schmecken einem gesunden Menschen solch zartsinnig zubereitete Speisen, und das Besteck, wie es glänzt, die Gläser, wie sie beinahe duften, die Blumen, wie sie freundlich grüßen und lispeln. Und jetzt lispelt auch schon meinerseits eine ziemlich ungenierte Unterhaltung. Nimmt mich bald einmal selber wunder, wo und wie ich's hernehme, dieses Weltbetragen, derart Essen zum Mund führen und dazwischen parlieren zu können. Wie doch die Gesichter purpurn anlaufen, je mehr Speisen und Weine dahergetragen werden. Schon könnte man satt sein, wenn man wollte, aber man will nicht, und zwar in erster Linie aus Schicklichkeitsgründen. Man hat weiter zu danken und weiter zu essen. Appetitlosigkeit ist eine Sünde an so reichbesetzten Tischen. Ich gieße immer mehr flüssige und leuchtende Laune in die allzeit, wie es scheint, durstige Kehle hinunter. Wie das anhumort! Jetzt schenkt der Diener auch noch aus dicken Flaschen schäumende Begeisterung ein, in Gläser, breitgeformte, in denen das holde Wasser wie in schönen Seebecken ruhen und glänzen kann. Und nun prosten alle, Damen und Herren, einander zu, ich mache es nach, ich geborner Nachahmer. Aber stützt sich denn nicht alles, was in der Gesellschaft taktvoll und lieblich ist, auf die fortlaufende Nachahmung? Nachahmer sind in der Regel glückliche Kerls, so ich. Ich bin in der Tat ganz glücklich, schicklich und unauffällig sein zu dürfen. Und jetzt erhebt sich der leichte Witz, die Zunge wird lose, das lachende Wort will jedesmal an die sorglose, süße Ungezogenheit streifen. Es lebe, es lebe! Wie dumm! Aber das Schöne und Reiche ist immer ein ganz klein wenig dumm. Es gibt Menschen, die plötzlich lachen müssen beim Küssen. Das Glück ist ein Kind, das »heute« wieder gottlob einmal nicht zur Schule zu gehen braucht. Immer wieder wird eingeschenkt, und das wie von unsichtbarer Geisterhand Eingegossene wird hinuntergeschüttet. Ich schütte geradezu unedel hinunter. Aber die silbernen Flügel hübschen Anstandes rauschen um mich und zwicken mich öfters mahnend an die Wangen. Hinwiederum verpflichten die Weine und die Schönheit der Frauen zu leisen, feinen Unverschämtheiten. Die Verzeihung dazu ist der Kirschkuchen, der jetzt galant serviert wird. Oh, ich freue mich über das alles, ich Proletarier, was ich bin. Mein Gesicht ist ein wahres, hochrotes Eßgesicht, aber essen Aristokraten etwa nicht auch? Es ist dumm, allzufein sein zu wollen. Die Eß- und Trinklust hat vielleicht einen ganz aparten feinen Ton des Umganges. Das Wohlbefinden bewegt sich möglicherweise noch am zartesten. Das sage ich so. Was? Auch noch Käse? Und noch Obst und jetzt noch einmal einen See voll Sekt? Und nun steht man auf, um vorsichtig nach Zigarren angeln zu gehen. Man spaziert durch die Räume. Welche Weltsicherheit! In reizenden kleinen Nischen setzt man sich ungezwungen und eng neben die Damen nieder. Alsdann, um es nicht ganz zu verlernen, schritthüpft man zu den Likörtischen, um sich in Wolken von Genüssen von neuem einzuhüllen. Der Herr des Hauses scheint fröhlich. Das genügt, um sich wie sonnenbeschienen vorzukommen. Lässig und witzig redet man zum weiblichen Geschlecht, wenn man kann. Immer zündet man sich neue Zigarettenstangen an. Das Vergnügen, einen neuen Menschen kennenzulernen, tippt einen an die Stirne, kurz, es ist ein beständiges, gutes, dummes, behagliches Lachen um einen herum. Nichts kann mehr aufregend sein. Gewöhnt an das Schwelgen, bewegt man sich mit einer behäbigen Sicherheit und mit dem Mindestmaß an Formen im Glanz und im Menschenkranz einher, daß man leise und glücklich staunen muß, es im Leben so weit gebracht zu haben. Später sagt man gute Nacht, und dem Diener drückt man mit Gewicht sein in mancherlei Beziehung redlich verdientes Trinkgeld in die Hand.

Robert Walser

*E*inkaufsbummel

Ich gehe oft von SoHo, wo ich wohne, in einen Teil von Midtown, den ich über alles liebe. Der Spaziergang dauert dreißig Minuten, und in dieser Zeit sehe ich meinem Ziel immer aufgeregter entgegen. Mein Ziel ist Spandex House an der 38th Street zwischen der Seventh und der Eight Avenue. Spandex House darf man nicht verwechseln mit Spandex World oder Spandex Hub, die sich beide ebenfalls an der 38th Street befinden. Spandex House ist das Herzstück von New Yorks ehemals blühendem Modeviertel, dem Garment District.

Vor fünfzig Jahren war der Garment District von New York das Zentrum der Bekleidungsindustrie Amerikas. Siebzig Prozent aller Damenbekleidung und vierzig Prozent aller Herrenbekleidung wurden dort angefertigt.

Der Garment District befindet sich ungefähr zwischen Fifth Avenue und Ninth Avenue, zwischen der 34th Street und der 42nd Street. Heute heißt er Fashion District. Viele bekannte Modefirmen haben dort noch immer Ateliers, Büros und Showrooms. Und es gibt dort immer noch einige der interessantesten Läden der ganzen Stadt. Läden, die alles anbieten, womit man jedes erdenkliche Kleidungsstück nähen, verschönern, schmücken oder dekorieren

kann. Bedeutende Designer und Schneider tummeln sich in diesem Viertel.
[...]
Die Straßen rund um den Garment District zählen zu meinen Lieblingsstraßen in der Stadt. Ich liebe die Geschäfte mit Stoffen und Nähzubehör. Ich finde sie seltsamerweise entspannend. Pacific Trimmings an der West 38th Street hat die wundervollste Auswahl an Reißverschlüssen. Die meisten Leute stellen sich unter Reißverschlüssen wahrscheinlich nichts besonders Schönes vor. Ich schon. Und wer Pacific Trimmings besucht, der wird mir recht geben. Es gibt Reißverschlüsse in allen Größen und Farben. Ganze Regenbogen von Reißverschlüssen hängen an den Wänden.
In dem Laden gibt es außerdem eine große Auswahl an Posamenten, Knöpfen, Schnallen, Bändern, Federn und endlosen goldfarbenen Ketten. Pailletten blenden das Auge. Wer von diesen Pailletten so gebannt sein kann wie ich, muss eine Ader für Pomp und Glitzer haben. In meinem tiefsten Inneren hege ich offenbar den Wunsch, auszusehen wie Liberace oder eine Tänzerin in Las Vegas. In der Regel kaufe ich nichts. Wenn ich nicht einmal einen Knopf annähen kann, dürfte ich keine Chance haben, einen Reißverschluss einzusetzen.
Die goldenen Ketten und der ganze Glitzerkram sind von Spandex House nicht weit entfernt. Span-

dex bedeutet mehr, als man meinen könnte, soweit man sich jemals Gedanken darüber gemacht hat, was die meisten noch nie getan haben. Bei dem Wort Spandex können einem Frauen in zu engen und zu bunten Röcken oder Strumpfhosen oder Oberteilen einfallen. Oder Trapezkünstler im Zirkus. Oder vielleicht Jane Fonda in ihrem früheren Leben als Fitnesstrainerin.

Aber Spandex House ist viel mehr als nur das. Es ist ein Laden, der sich auf Stretchgewebe spezialisiert hat. Man kann dort Stretchspitze, Stretchdenim, Stretchbaumwolle, Stretchfutter und Stretchtüll kaufen. Man kann Stretchlamé und dehnbares Versteifungsband und Glitzerstretch kaufen. Und außerdem metallisches Spandex, Nylon-Spandex, Bambus-Spandex und Baumwoll-, Satin- und Lack-Spandex. Man kann auch wunderschöne einfache Stretchstoffe aus Seidenkrepp, Seide, Spitze oder Wolle kaufen.

Spandex House ist einer meiner Lieblingsläden in New York. Ich glaube nicht, dass ich mich mit diesem Eingeständnis brüsten kann. Nicht, nachdem ich gerade Liberace und Revuetänzerinnen erwähnt habe. Ich stöbere für mein Leben gern in dem Laden. Auch die anderen Kunden sind meistens sehr interessant. Es sind in der Mehrzahl entweder Eiskunstläufer oder Tänzer oder Turner oder Leute, die Kostüme für Eiskunstläufer, Tänzer, Turner, Athleten, Akrobaten und Schauspieler entwerfen.

Die Stretchstoffe sind ideal für Eisläufer, Athleten und Turner. Sie alle bewegen sich die ganze Zeit. Die meisten Leute, die hier einkaufen, bewegen sich viel oder entwerfen Kostüme für Leute, die sich viel bewegen. Bis auf mich. Ich entwerfe keine Kostüme. Und ich bewege mich nicht viel. Ich tanze nicht, fahre nicht Ski, laufe nicht Schlittschuh, schlage keine Purzelbäume und bin auch keine schnelle Läuferin. Ich gehe zu Fuß.

Lily Brett

*F*ahrrad fahren

Im Alter von acht Jahren trat ich auf dem alten Steyr-Waffenrad meines Vormunds, der zu diesem Zeitpunkt in Polen eingerückt und im Begriff war, mit der deutschen Armee in Rußland einzumarschieren, unter unserer Wohnung auf dem Taubenmarkt in Traunstein in der Menschenleere eines selbstbewußten Provinzmittags meine erste Runde. Auf den Geschmack dieser mir vollkommen neuen Disziplin gekommen, radelte ich bald aus dem Taubenmarkt hinaus durch die Schaumburgerstraße auf den Stadtplatz, um nach zwei oder drei Runden um die Pfarrkirche den kühnen, wie sich schon Stunden später zeigen mußte, verhängnisvollen Entschluß zu fassen, auf dem, wie ich glaubte, von mir schon geradezu perfekt beherrschten Rad meine nahe dem sechsunddreißig Kilometer entfernten Salzburg in einem mit viel Kleinbürgerliebe gepflegten Blumengarten lebende und an den Sonntagen beliebte Schnitzel backende Tante Fanny aufzusuchen, die mir als das geeignetste Ziel meiner Erstfahrt erschien und bei der ich mich nach einer bestimmt nicht zu kurzen Phase der absoluten Bewunderung für mein Kunststück anzuessen und auszuschlafen gedachte. Die auserwählte Klasse der Radfahrer hatte ich von den ersten bewußten Augenblicken meines begierigen Sehens an bewundert, jetzt gehörte ich dazu. Kein Mensch hatte mich diese so lange vergeblich bewunderte Kunst gelehrt, ich hatte, ganz ohne um Erlaubnis zu bitten, das kostbare Steyr-Waffenrad meines Vormunds aus dem Vorhaus geschoben, nicht ohne schmerzendes Schuldbewußtsein, und mich, ohne über das Wie nachzudenken, auf die Pedale gestemmt und war losgefahren. Da ich nicht stürzte, empfand ich mich schon in diesen ersten Augenblicken auf dem Fahrrad als Triumphator. Es wäre ganz gegen meine Natur gewesen, nach einigen Runden wieder abzusteigen; wie in allem trieb ich das nun einmal begonnene Unternehmen bis zum Äußersten. Ohne einem einzigen dafür zuständigen Menschen ein Wort gesagt zu haben, verließ ich auf der luftigen Höhe des Waffenrades und des damit verbundenen Vergnügens den Stadtplatz, um schließlich in der sogenannten Au und dann in der freien Natur Richtung Salzburg die Räder laufen zu lassen. Obwohl ich noch zu klein war, um tatsächlich auf dem Sattel zu sitzen, ich mußte ja, wie alle andern zu kleinen Anfänger, mit dem Fuß unter die Stange durch das Pedal, beschleunigte ich zusehends meine Geschwindigkeit, daß es fortwährend bergab ging, war ein zusätzlicher Genuß. Wenn die Meinigen wüßten, was ich, durch einen durch nichts vorher angekündigten Entschluß schon erreicht habe, dachte ich, wenn sie mich sehen und naturgemäß gleichzeitig, weil sie keine andere Wahl haben, bewundern könnten! Ich malte mir den höchsten, ja den allerhöchsten Grad ihrer Verblüffung aus. Daß mein Können mein Vergehen oder gar Verbrechen auszulöschen imstande sei, daran zweifelte ich nicht eine Sekunde. Wem, außer mir, gelingt es schon, zum allerersten mal auf das Rad zu steigen und auf und davon zu fahren, und noch dazu mit dem höchsten Anspruch, nach Salzburg! Sie müßten einsehen, daß ich mich doch immer, gegen die größten Hemmnisse und Widerstände, durchsetzte und Sieger sei! Vor allem wünschte ich, während ich die Pedale trat und es schon in die Schluchten unterhalb Surbergs ging, mein wie nichts auf der Welt geliebter Großvater könnte mich auf dem Fahrrad sehen. Da sie nicht da waren und überhaupt nichts von meinem nun schon sehr weit vorangetriebenen Abenteuer wußten, mußte ich zeugenlos mein Werk vollbringen. Sind wir auf der Höhe, wünschen wir den Beobach ter als Bewunderer wie sonst nichts herbei, aber dieser Beobachter als Bewunderer fehlte. Ich begnügte mich mit der Selbstbeobachtung und der Selbstbewunderung. Je härter mir die Geschwindigkeit ins Gesicht blies, je mehr ich mich meinem Ziel, der Tante Fanny, näherte, desto radikaler vergrößerte sich die Entfernung aus dem Ort meiner Ungeheuerlichkeit. Wenn ich auf der Geraden für einen Augenblick die Augen zumachte, kostete ich die Glückseligkeit des Triumphators. Insgeheim war ich mir mit meinem Großvater einig: ich hatte an diesem Tag die größte Entdeckung meines bisherigen Lebens gemacht, ich hatte meiner Existenz eine neue Wendung gegeben, möglicherweise die entscheidende der mechanischen Fortbewegung auf Rädern. So also begegnet der Radfahrer der Welt: von oben! Er rast dahin, ohne mit seinen Füßen den Erdboden zu berühren, er ist ein Radfahrer, was beinahe soviel bedeutet wie: ich bin der Beherrscher der Welt.

Thomas Bernhard

Frühstück

Morgens am frisch gedeckten Frühstückstisch sitzen. In der bauchigen Kaffeekanne spiegelt sich das Zimmer wie in einer jener Glaskugeln wider, mit der die Laubenbesitzer ihre Parzellen verschönen; man hat ein Knollenprofil, blickt man hinein.
Die Sonne steht hinter der Blutbuche im Garten, wo das Rotschwänzchen schreckt und die Amselhähne ihres Gesanges allmählich müde zu werden beginnen und schiefgehaltenen Kopfs die Futterbeschaffung bedenken. Der See ist hinter der gelbgrünen Kulisse, zu der sich die rhythmisch schwingenden Trauerweidenzweige verschränken, fast völlig verschwunden; nur hier und dort funkelt noch ein ätzender Sonnenreflex oder das flirrige Weiß einer Schwanendaune durch das Blättergeflecht.
Auf dem Tisch ist angetreten, was aus der lebensbejahenden Fracht dieser Stunde für Auge und Gaumen Profit zu schlagen gedenkt: Die knusprigen Brötchen, in ihrer goldenen Bräune an gebackene Ferkelhinterteile erinnernd, die Butter, vom Nachtaufenthalt im Eisschrank noch mit einer perligen Gänsehaut überzogen und von einem so verblüffenden Blond, daß man eine Krimhildphysiognomie in sie einritzen möchte. Dann die Eier, im Grunde natürlich Vollkommenheit suggerierend, doch läßt

man ihre Gesichtslosigkeit auf sich wirken, mit der sie überall und nirgends hinblicken, auch wieder ein dezentes Gruseln erzeugend, mit dem die wärmenden Mützen, die man ihnen aufgestülpt hat, nun allerdings *auch* nicht gerade versöhnen. Dazu die Radieschen, die ihre kurzgeschnittenen Krautborsten und die weißlichen Kinnbärte eitel in der blankgeputzten Paprikaschote betrachten, die sich, grün vor Zorn, der erdrückenden Übermacht der siegeszuversichtlich lächelnden Tomaten erwehrt.
Und als Höhepunkt, und exakt in der Mitte des Tisches, die Aufschnittplatte dann noch. Sie ist sich ihrer Angriffsfläche bewußt und hat sich flach und mit angelegten gekochten Schinkenohren zwischen Salznapf und Pfeffermühle und Schnittlauchtopf und Petersilienvase geduckt. Allein, Auge und Nase haben sie längst schon entdeckt und brechen bereits zu den ersten folgenschweren Erkundungen auf; wie auch die Wespe, deren Schatten über die marmorbleiche Maserung der Kasslerscheiben dahinzieht, zielstrebig der Zitronenkonfitüre entgegen.
Die Nase jedoch hat jetzt vollauf mit dem beizenden Räucherduft des hauchfein geschnittenen Bündnerfleisches zu tun. Es ist von einem derart tiefempfundenen Rot, als sei es von der Blutbuche draußen ins Zimmer geweht. Und auch an dem herzklopfenerregenden Bratengeruch des rosigen Prager Schinkens flattern die Nasenflügel so schnell nicht vorbei.

Die Augen gehen indessen auf dem speckigen Mosaik des Landleberwurstzipfels spazieren, schleichen lüstern hart an der Schnittkante des noch erfreulich umfangreichen Cornedbeef-Würfels entlang, springen animiert die geweißten Podeste der Cervelatwurststufen hinan und treffen beim Käse dann wieder mit der Nase zusammen, die entzückt den Roquefort belobigt, schnüffelnd dem Boursin das Knoblauchfähnchen bestätigt und der Strenge des Camemberts mit angetan gekräuselter Wurzel begegnet.
Die Zeitung hat so früh noch zu schweigen; Flugzeugunglücke und Morde werden erst *nach* dem Kaffee zur Kenntnis genommen. Auch die Post muß ihren Klatschstoff vorerst noch bei sich behalten; übelnehmerisch schielen die ungeöffneten Briefe mit ihren Markenaugen herüber. Das Frühstück, hat Novalis gesagt, sei die einzige Mahlzeit von philosophischer Dignität. Da kann man es nicht mit Familientratsch und Zahlungsbefehlen belasten.
Es hat keusch wie die Morgenröte zu sein; und Keuschsein ist nur unwissend möglich; wie sehr der impertinente Geruch der Druckerschwärze, der von der Zeitung aufsteigt, diese Binsenwahrheit jetzt auch bestreitet. Erfolglos natürlich; zumal aus der Küche soeben das morgenverschönernde Kreischen der elektrischen Fruchtpresse dringt. Gleich bringt, in eine Apfelsinen- und Möhrenduftwolke gehüllt,

die Zauberin, der man das hier alles verdankt, die Krönung des Ganzen: den Obstsaft herein.

Wolfdietrich Schnurre

Der Garten im Winter

Der Winter ist des Gärtners schönste Zeit. Draußen knackt der Frost. Drinnen knackt es im Kamin. Es duftet auch. Ein Arm voll getrockneter Lavendelrispen ist dem Feuer übergeben worden. Und Nigel Rogers füllt den Raum mit florentinischen Liebesliedern. Er singt von einem Feuer anderer Art, das ihm ein Mädchen entzündet hat, so daß er nun glüht wie ein Vulkan: Ah, ch'io vengo un Mongibello. Während Cembalo, Gambe und Violine seinem brennenden Herzen den musikalischen Sauerstoff zuführen, schaut der mitfühlende Gärtner durch die Scheibe hinaus in die kalte Natur: Baum und Strauch stehen starr im Reif, aber Amseln streiten hitzig um Haferflocken, die gar nicht für sie gedacht sind, Meisen, Finken knacken Sonnenblumenkerne, Spatzen schwirren. Ein Dompfaff dazwischen. Ein Dompfaff? Plötzlich ist es am Gärtner, starr hinterm Fenster zu verharren, obwohl die Schöne, damigella tutta bella, dem Sänger gerade neue Gluten entfacht: Vom unteren Garten her nähert sich der Fasan samt seinen vier Damen zögernden Schritts dem überdachten Futterplatz.

Der Winter ist des Gärtners schönste Zeit. Wochenlang kann er sich aufs Zuschauen beschränken. Er ist zum Nichtstun verurteilt. Nicht einmal über den gefrorenen Rasen darf er laufen, das schadet den Gräsern. Er geht bloß zweimal die Woche über die Trittsteine am Bach entlang zum Kompostplatz, bringt die Küchenabfälle unter. Er gräbt sie ein, deckt mit Laub und Reisig ab, damit Kaffeefilter und Orangenschalen nicht von Elstern und anderen Rabenvögeln in der Nachbarschaft verteilt werden. Auf dem Rückweg zum Haus sieht er nach den Wühlmausfallen. Leer. Doch daneben ein frischaufgeworfener Erdhaufen. Und noch einer. Nur nicht ärgern. Bald, wenn die Wolfsmilch wieder wächst und die Kaiserkrone blüht, bald geht es der Wühlmaus an den Pelz.

Der Winter ist des Gärtners schönste Zeit. Vergessen ist der grausame Sommer mit den Arbeitswochenenden, den Fünfzehn-Stunden-Tagen, an denen der Gartenbesitzer nach dem Säubern und Aufräumen der lehmverschmierten Gerätschaften gegen Mitternacht noch einmal steifbeinig hinaustappte ins frischgeschorene Rasengelände und den Sprenger nun nicht mehr versetzte, sondern abschaltete, hernach mit weichen Knien kaum noch den Weg aus der Dusche ins Bett gefunden hat.

Was ist der Winter für eine angenehme Zeit! Zeit der Ruhe, Zeit zum Bedenken. Das Rotkehlchen hilft mit. Es ist immer dabei. Erst schnickert es unsichtbar in ferneren Gehölzen. Dann kommt es näher, umkreist den Gartenbegeher. Äugt und wippt.

Aus Neugier oder Sorge? Wer weiß es. Gewiß ist nur, sagt der Ornithologe, daß diese Rotbrust ein Männchen ist; die Weibchen und die Jungen fliehen vor dem Frost nach Süden. (Nein, sagt ein anderer. Falsch. Manche fliegen weg, manche bleiben, ob Männchen oder Weibchen.) Der dicke Gärtner und der kleine Vogel allein in der Winterstille. Der Vogel fliegt eilends hin und her. Auch der Gärtner ist voll geheimer Unruhe.

Anderntags steht er wieder am Fenster und schaut hinaus. Hinaus ins Offene, Durchsichtige, Aufgeräumte oder auf das vom Schnee gnädig Zugedeckte. Er schaut und ist zufrieden. Da und dort könnte es, genau besehen, besser sein. So manches muß anders werden. Der Pantoffelgärtner sieht Arbeit. Gleich fürs Frühjahr. Das freut ihn. Verdrießen könnten ihn die lästigen Amseln, weil sie noch unter dem Deckreisig hervor das schützende Laub auf den Rasen zerren. Sängen sie nicht bald wieder so hinreißend, morgens um fünf und abends um neun, man müßte sie alle erschießen, die Amseln. Knurrend zieht er die Schuhe an, weil er nicht länger zusehen kann, wie sie am Teich, der sich als ein Bach durch den Garten zieht, vergebens das Wasser suchend übers Gefrorene rutschen. Also den Pickel aus dem Keller holen, Trinkplätze und Badestellen ins Eis stoßen. Es lohnt die Mühe. Bis zum Bauch stehen die ungeliebten Schwarzröcke dann

am seichten Rand im Geröll, tauchend, flügelschlagend, spritzend. Eine Schar Stare fällt ein. Das ist erst ein Schauspiel! Stare, wenn sie baden, das sind Wasserwerfer, Spritzbrunnenaufdreher, Fontänenmeister. Ein Südfenster gehört freilich dazu, und ein Gegenlicht.
Der Winter ist des Gärtners schönste Zeit. Wann sonst sieht er so klar, wie stattlich der Bambus steht? Auch das Chinarohrgras, das zierliche, aber schon ebenso hohe. Im Sommer schießen die Halme ins Kraut, alles schießt da ins Kraut und verschwindet hinter seiner Lebenskraft. Jetzt haben die mannshohen, weich überhängenden Stengel von Fargesia murielae ein Drittel ihrer Blätter verloren, jetzt, vor dem schrägen Licht, beleben sie bizarr belaubt die grau und weiße Leere. Ganz anders, drei Meter hoch, aber nicht weniger schön, die trocken raschelnden Fahnen des großen Chinaschilfs, Miscanthus japonicus, am Wasserfaß. Pflanzenschönheit für ein Wintergedicht.
Der Gärtner ist kein Dichter, sondern Täter. Er setzt die Mütze auf, packt Handschuhe, Säge und Scheren, taucht den Pinsel in die Büchse mit dem Baumwundmittel, marschiert ins Freie, obwohl die schwache Sonne von blauweißen Wolkenwalzen weggeschoben wird, die einen wirbelnden, doch fast folgenlosen Schneeschauer von Nordwesten übers Haus werfen – er kann nicht länger warten. Ein Ta-

schenbuch aus dem Ulmer-Verlag ist ihm in die Hand gekommen: »Der Winterschnitt von Obst- und Ziergehölzen«, von Günter Pardatscher. Gewiß, er besitzt dickere Bücher zum Thema, aber dieses hat er gelesen. Und Herr Pardatscher hat ihn auf Trab gebracht. Nicht nur der Hibiskus wartet aufs verjüngende Auslichten. Der ganze Garten wartet. Der Winter, gottlob, ist bald vorbei.

Johannes Roth

Gespräch mit Freunden

Es gibt Tage, die haben keine Gelegenheit stattzufinden. Sie sind dadurch gelähmt, daß man heute nichts tun kann, weil noch so viel zu tun wäre – morgen, übermorgen, nächste Woche. Man kann jetzt nichts tun, weil viel anderes dringend zu tun wäre, und nicht alles, was morgen zu tun ist, kann man heute schon tun.
Am Ende eines solchen langen, langen Tages zwei gute Freunde getroffen. Zwei von jenen Freunden, die man selten sieht, oft monate- oder jahrelang nicht, und an die man immer denkt, nach denen man sich immer wieder erkundigt und sich vornimmt, sie anzurufen. Wir setzten uns in die Abendsonne und redeten und redeten.
Der Tag wurde doch noch zu etwas, zu einem Augenblick, zu einem langen Augenblick. Ich stellte beim Nachhausegehen fest, daß ich doch gern lebe.
Ich erzählte meiner Frau von der beglückenden Begegnung, und sie wollte wissen, wie es den beiden denn gehe. Zu meiner Überraschung wußte ich es nicht. Dann wollte sie wissen, was sie denn erzählt hätten. Das wußte ich zwar noch – das Gespräch war mir wichtig und hatte mich beglückt –, aber nun war es plötzlich nicht mehr erzählenswert.

Zwar wußte ich noch, wovon wir gesprochen hatten, aber ich hätte nur den Inhalt des Gesprächs wiedergeben können, und hätte ich es getan, ich hätte mir selbst die Freude an jener Begegnung verdorben.

Warum kann man das später nicht erzählen? Ganz einfach: Eben weil es nicht erzählbar ist.

Ich habe zwei Bücher bekommen, auf denen mein Name steht und die ich nicht lesen kann – eines auf dänisch, eines auf koreanisch. Selbstverständlich freue ich mich, bin ein wenig stolz darauf, und weil ich sie nicht lesen kann, bleibt mir nichts anderes übrig, als sie ein bißchen zu streicheln. Aber irgendwie sind mir die beiden Bücher peinlich. Ich fürchte, daß sie vielleicht nur übersetzt sind, daß darin nur wiedergegeben ist, was ich geschrieben habe. Ich nehme zwar an, daß der Übersetzer sich über meinen Text gefreut hat – so wie ich mich über das Gespräch gefreut habe –, aber ich fürchte, daß er ihn nur wiedergibt, ohne ihn erzählbar gemacht zu haben. Was man erzählt, das muß erzählbar sein.

Es gibt bestimmt unübersetzbare Texte – Texte, die man nicht noch einmal erzählbar machen kann.

Die Fragen meiner Übersetzer nach der Bedeutung einzelner Wörter machen mich skeptisch, die Bedeutung einzelner Wörter hat mit der Erzählbarkeit nichts zu tun.

Es würde mir leichter fallen, über Paris zu erzählen als über New York. Paris kenne ich sehr gut aus literarischen und privaten Erzählungen, aus dem Kino auch. Paris ist für mich zum vornherein eine Erzählung, weil ich im wirklichen Paris noch nie war. In New York war ich aber oft und lange. Vorläufig würde mein Bericht darüber heißen: »Ja, ja. New York.« Für mehr müßte ich es erst erzählbar machen.

(Ich erinnere mich an den alten Bauernknecht, der – vor allem durch mißliche Umstände – weit in der Welt herumgekommen war. Er war ein ehrlicher Erzähler, und das ging so: »Hongkong zum Beispiel, ühh dehr – Helsinki zum Beispiel, ühh dehr – Paris zum Beispiel, ühh dehr ...«. Ich hätte ihm stundenlang zuhören können, die Namen der Orte, die er genüßlich über die Zunge fließen ließ, waren die ganze Geschichte. Er konnte viele Fremdsprachen. Und er wußte von den Grenzen der Erzählbarkeit.)

Als Kind hat man sich vorgestellt, später einmal die ganze Welt anzuschauen, Afrikaforscher zu werden, China zu bereisen wie Marco Polo. Ich saß vor der Weltkarte und plante meine Reisen. Auf Australien verzichtete ich zum voraus, aber Paris hatte erste Priorität. Inzwischen bin ich durch beruflichen Zufall in Australien gewesen, in Paris nie. Ich werde das auch nicht nachholen. Aber die Möglichkeit,

einmal hinzufahren, bleibt mir wichtig. Ich bin darauf angewiesen, daß es Paris gibt. Im Kleinen nennt man das Infrastruktur: Alle ärgern sich darüber, daß sonntags fast alle Restaurants geschlossen sind, aber die wenigen in der Stadt, die offen sind, sind leer. Man geht zwar nicht hin, aber die Vorstellung, überhaupt nicht hingehen zu können, ist unerträglich. Ich war schon seit Monaten nicht mehr im Kino – trotzdem, ich finde, daß es in meiner Stadt zu wenige Kinos gibt. Ich bin froh, daß es eine ganze Welt gibt. Ich brauche sie als Fluchtmöglichkeit – nicht in Wirklichkeit, aber in meinem Kopf. Ich bin froh, daß Paris am Sonntag offen ist.
Darüber sprachen wir drei an diesem schönen Abend, fiel mir hinterher ein. Und wenn man mich fragt, warum denn das Sprechen über solche Dinge glücklich machen kann, dann kann ich nur hilflos mit den Schultern zucken, denn weil ich es nicht übersetzen kann vom Deutschen ins Deutsche, weil ich es nicht erzählbar machen kann, bleibt es nur ein Inhalt, nur ein Thema. Sprache hat mit Sprechen zu tun. Hie und da erleben wir Sprache als Glück. Eben, wenn wir sprechen – über irgend etwas –, über Paris zum Beispiel.

Peter Bichsel

*H*olzhacken

Für viele Menschen ist die Zeit vor dem Hauklotz die reinste Meditation, da Holzhacken eine wunderbare Kombination aus Wiederholung und Variation darstellt. Überdies ist es häufig die erste körperliche Arbeit, die man nach einem langen Winter an der frischen Luft verrichtet. Auch alte Menschen kommen hinter dem Ofen hervor und machen mit. Überall auf dem Land hört man ihre Kreissägen. Der Geruch von frischem Harz und Sägespänen liegt in der Luft, weshalb hier noch einmal Hans Børli zitiert sei:

»Als ginge das Leben barfuß vorbei, mit Morgentau im Haar. Den Duft von frischem Holz wirst du als Letztes vergessen, wenn der Vorhang fällt.«

Holzhacken ist für viele Menschen das Beste am Holzmachen. Die Faszination, wenn ein Stammstück im Bruchteil einer Sekunde auseinanderbricht und sein glänzendes, wohlriechendes Inneres zeigt. Diese Arbeit ist eine der archaischsten Tätigkeiten, die der moderne Mensch heute noch verrichten kann und bei der er sich in nichts vom Urmenschen unterscheidet. Hier hat man Gelegenheit, schweres Handwerkszeug unter Einsatz seiner ganzen Kraft zu nutzen und die Probleme des Alltags mit jedem Schlag weiter weg zu schicken. Jedoch sollte man

sich konzentrieren und die Gedanken nicht allzu weit abschweifen lassen, sonst hat man die Axt auf einmal im Schienbein stecken.
Man darf beim Hacken all seine Kraft einsetzen – durchaus auch rohe Kräfte. Es tut einfach gut, wenn man einen widerspenstigen, astreichen Fichtenstamm schließlich doch mit seiner Arme Kraft gespalten hat. Daran erinnert man sich gerne, wenn diese Scheite im Ofen Licht und Wärme geben.
Man mag es als Anachronismus betrachten, wenn ein moderner Mensch sich einer so archaischen Arbeit widmet, aber die innere Ruhe, die sie einem gibt, erlebt man im Berufsalltag kaum. Natürlich kann man auch im Büro oder mit der Familie Erfüllung finden, aber nichts ist vergleichbar mit dem Seelenfrieden, den man durch praktische Arbeit erfährt. Wenn ein Klotz gespalten ist, ist er gespalten. Man kann nichts rückgängig oder besser machen. Den Frust des Tages kann man auf das Holz übertragen und später im Ofen verbrennen. Das Angenehme am Brennholz ist, dass es einfach im Ofen verschwindet, ohne erst von einem Komitee begutachtet, von einem Beamer an die Wand geworfen oder mit einem konkurrierenden Scheit verglichen zu werden. Irgendwann im Winter landen auch die schief gespalteten oder gesplitterten Scheite im Ofen, und sie geben genauso viel Wärme wie ein perfekt gekapptes und gespaltetes Stück Holz. Macht es

nicht sogar besonders viel Freude, das Wurzelholz der Kiefer zu verfeuern, das einem beim Verarbeiten solche Probleme bereitet hat?

Lars Mytting

Musik der *I*nsel

Womit könnte ich Dich noch auf die Insel locken, wenn nicht durch Ariels Gesang, also mit Hilfe Deiner musikalischen Natur. Du wirst freilich sagen, was man dort hört, das ist doch keine Musik. Musik kann nur der Mensch machen (und die Engel). Ich gebe Dir recht, aber komm nur erst einmal und hör zu. Mit dem feinsten Ohr wirst Du sogar das zarte Klingen des Sandes vernehmen, keine Sonate natürlich, aber doch so etwas wie die freien Elemente der Musik, süßen Wohllaut jedenfalls. Manchmal freilich, wenn man irgendwo in der Mondlandschaft der Dünen in der Sonne liegt, kann man wohl erschrecken über ein unerwartetes Lachen, ein heiseres, kurzes, höhnisches hä-hä, das einem die Haut schaudert, bis Du die Möwe siehst, die lautlos vom Aufwind sich vorübertragen läßt. Wenn Du über die Heide gehst, tönt die Luft von Lerchensang. Ich gebe zu, sie wiederholen sich stark, sie reiten immer wieder auf derselben Figur und demselben Rhythmus herum, darin manchen neueren Komponisten ähnlich, aber der Raum des Himmels über Dir bekommt erst dadurch seine Form, und wenn ich mir die Hölle vorstellen soll, dann in furchtbarer Stille in völliger Laut- und Raumlosigkeit.
Das Wogenrauschen des Meeres gibt natürlich auch

viel her, und ich wundere mich immer, wie das Wasser, das durchsichtige und flüssige Element, so metallisch laut sein kann. Allmählich hört man auch da einen gewissen Rhythmus heraus und wartet auf den Einsatz des Blechs, die Trompeten und Posaunen. Die Musik der Steine, denn auch sie, die stummen, haben ihre Musik, wenn sie in zurückflutender Welle aneinanderschlagen, und das hohle Seufzen und Gurgeln an den Buhnen – lauter Geräusche nur, wirst Du sagen, nicht Musik, aber Stimmen sind es, denen Du lauschst. Sie haben einem allerlei zu sagen.

Auch wenn man bei Ebbe am Watt entlangwandert, ehe die Flut kommt, dann hörst Du ein Singen, Flüstern und Rieseln, von den Melodien des Windes gar nicht zu reden und dem Rufen der Strandvögel, den frechen Pfiffen der Austernfischer und dem wehleidigen Tü-Tü der Rotschenkel. Manchmal dröhnt von ferne ein gewaltiger Paukenschlag, von einem Schiffsgeschütz vermutlich. Irgendwo auf Erden wird halt immer geschossen. Und dann ist da noch etwas, nicht draußen in der Landschaft, sondern in unserem strohgedeckten Haus, ein chinesischer Gong, aber nicht so ein gewöhnlicher, flacher, an die Wand zu hängen, sondern ein bäuchiges Bronzegefäß mit einer in Silber tauschierten Drachengirlande. Wenn man mit dem handgranatenförmigen Schlegel an den inneren Rand schlägt, dann tönt es minutenlang nach. Ich habe es mit der Uhr in der Hand ausprobiert. Es muß ein Tempelgong sein, denn er klingt feierlich und vertreibt die bösen Geister. Es ist ein heilsamer, die Unruhe ordnender Ton.

Doch damit Du endlich auf Deine Kosten kommst, Du musikalischer Mensch, ein wenig wenigstens, erzähle ich Dir rasch noch von Uwe, dem kaum neunjährigen Musikanten, der das Schifferklavier, die Ziehharmonika, schon recht artig zu quetschen weiß, reizend anzuschauen mit seinem Beethoven-Bubengesicht und der Pagenfrisur, seiner genierten Koketterie und koketten Geniertheit. Der kleine Künstler trägt ein brombeerfarbenes Samtwams. Er hat es bestimmt faustdick hinter den Ohren und kennt seinen Zauber.

Ernst Penzoldt

Jogging

Jeanette war mit dem Fahrrad bis Zwischendorf gefahren, von dort weiter nach Süden und war dann scharf abgebogen nach rechts, Richtung Dünenheide. Sie lehnte das Fahrrad an einen Wacholder, in den vor Jahren der Blitz gefahren war, zog die Schnürsenkel ihrer Schuhe fest, dehnte und strecke sich. [...]

Dann trabte sie los.

Augenblicklich veränderte sich ihr Atem. Jeanette liebte diesen Moment der Verwandlung. Wenn sie von der Fußgängerin zur Läuferin wurde. Dann sammelte sich alles in ihrem Laufen. Und alles andere blieb zurück.

Diese Erfahrung hatte sie bereits früher gemacht. Immer schon war sie dem Tag am liebsten in fest geschnürten Laufschuhen entgegengetreten. Immer schon hatte sie laufend alles Lästige und Trübe hinter sich gelassen, hatte Klarheit gefunden, den sonst so sträflich vernachlässigten Körper gespürt. Die Dünenheide forderte alles von einem Sportler. Wer hier lief, musste ganz bei der Sache sein, sich konzentrieren, den Blick halb nach vorn, halb nach unten gerichtet, den Füßen nur um wenige Meter voraus. Der schmale Weg vor ihr buckelte und krümmte sich, Wurzeln reckten sich in bizarren Formen daraus hervor, von Gräsern und Heidekraut halb verdecktes Astwerk und lose Steine verlangten Aufmerksamkeit. Ein stetiges Bergauf und Bergab, ein sich Schlängeln und Biegen: Die Landschaft, die den Süden der Insel bestimmte, hatte nichts von einer lieblichen Heidefläche an sich; hier hatte der Wind getobt, über Jahrtausende, und sich mit dem Sand gebalgt. Und das Ergebnis war diese sich duckende und aufbäumende Landschaft, wenige Quadratkilometer, aber undurchdringlich, wuchernd, sich verändernd und kriechend, klammernd und schlingend.

[…]

Eins, zwei, drei – ausatmen! Eins, zwei, drei – einatmen! Nach fünf Minuten hatte Jeanette ihren Rhythmus gefunden. Sie musste sich nicht mehr um ihre Schrittlänge kümmern oder die Häufigkeit ihres Atmens. Das war am Anfang des Sommers noch ganz anders gewesen. Da war sie bei ihren Läufen rasch außer Atem geraten, ihre Lungen hatten gebrannt. Wütend war sie weitergelaufen, hatte ihren Beinen sozusagen Beine gemacht, indem sie sich selbst lautlos beschimpfte – nur, um hundert Meter weiter erschöpft die Hände auf die Knie zu stützen und nach Luft zu ringen. Dann wieder waren ihr die Beine schwer geworden, kaum, dass sie Stiftsdorf hinter sich gelassen hatte.

Der Weg nach Zwischendorf war ihr zu weit erschienen, obwohl man die ersten Häuser schon über den Deich lugen sah. Aber genau das war das Problem: die zu weite Sicht, die offene Landschaft. Dann war ihr die Dünenheide eingefallen, dieses Alpenpanorama für Gnome, wie sie es einmal boshaft genannt hatte. Eine Gegend, die sie bisher immer gemieden hatte. Dort wäre sie einigermaßen geschützt vor den Blicken der anderen. Jeanette, die das Ladestein-Haus souverän leitete und allgemein als exzellente Gastgeberin geschätzt wurde, Jeanette, die ohne weiteres in der Lage war, spontan vor einer größeren Gesellschaft zu sprechen und Sponsorengelder einzuwerben – Jeanette hatte all die Aufmerksamkeit satt. Das hatten die Wochen und Monate in der Klinik gemacht. Jedes Betrachtet-Werden erschien ihr mittlerweile prüfend, jede Geste von der Absicht zu helfen bestimmt. Als sie ein sehr kleines Kind gewesen war, hatte sie lange das Sprechen verweigert, so dass ihre Eltern anfingen, sich Sorgen zu machen. Aber dann hatte Jeanette eines Tages doch völlig überraschend gesprochen, und noch immer erzählten ihre Eltern amüsiert, was ihr erstes Wort gewesen war: »Alleine!«

Das war ihr in der Klinik wieder in den Sinn gekommen, und das war auch jetzt ihr Mantra beim Laufen: »Alleine! Alleine! Ich kann's noch.« Oder: »Ich kann's wieder.«

So schwor sich Jeanette ein auf ihr neues Leben.

Nach einer halben Stunde begann Jeanette zu schwitzen. Was für ein guter, heißer, klarer Schweiß das war! Nicht dieser klebrige, kalte Film der Verängstigten. Nicht die Nebenwirkung unerklärlich wirkender Medikamente. Das hier war Arbeit, also schwitzte sie rechtschaffen. Sie wischte sich mit dem Handrücken die Schweißtropfen aus dem Gesicht. […]
Eine Viertelstunde später bog Jeanette auf einen der Hauptwege ein. Sie hatte jetzt Lust auf den Strand, und einen Blick auf das Meer, ein Gefühl der Offenheit. Wenn man durch die Heide streifte, vergaß man leicht, dass nur wenige hundert Meter entfernt die Ostsee wartete. Die offene See, die hier, im Süden der Insel, oft große Wirbel und Kreisel machte, die Insel von unten umwarb. Unwillkürlich ging Jeanette ein wenig schneller. Da vorn ging es hinaus. Sie lenkte ihre Schritte hinauf auf den Deich und hielt inne. Der Anblick war berauschend. Gerade brach die Sonne mit aller Macht durch. Immer wieder gelangen der Natur die großartigsten Inszenierungen. Jeanette atmete tief ein. Ihr Herz klopfte noch immer heftig. Sie konnte das Salz in der Luft schmecken, spürte es als Prickeln auf ihren trockenen Lippen. Sie leckte mit der Zunge darüber. Als ob sich das Meer anbot, als ob es lockte und reizte.

Gabriela Jaskulla

*J*onglieren

In den Kulissen steht ein großer hellbrauner Koffer. An seinem Griff ist ein struppiger Gummihund als Talisman befestigt. Und in dem Koffer liegen weiße und buntverzierte Reifen, kleine und große Bälle, metallisch blitzende Keulen und weiße Stäbchen. Darunter versteckt hockt eine teuflisch rote Puppe, sozusagen ein Schutzgeist, den Paul Kemp dem jungen Meisterjongleur Franzl Brunn geschenkt hat. Noch sind es tote Gegenstände, die in dem weitgereisten Behältnis ruhen und die erst aus den Händen des Jongleurs ihr Leben erhalten. (…)
Behende und federnd geht der Jongleur zu seinem Koffer und entnimmt ihm drei Keulen, die erst langsam und dann immer schneller durch die Luft zu wirbeln beginnen. (…) Franzls dunkle Augen blikken angespannt in das Kreisen der Dinge, seine Hände scheinen mechanisch zu arbeiten und wie mit magnetischer Kraft die Keulen an sich zu ziehen. Schon meint man, das Wunder unfehlbarer Sicherheit wäre vollkommen, aber da fällt – plauz! – eine Keule zu Boden, und man atmet auf, weil man wieder weiß, daß hier eine durch jahrelanges Üben bis zum äußersten gesteigerte menschliche Geschicklichkeit und kein motorischer Mechanismus am Werk ist.

Und dann entfaltet sich, immer erstaunlicher für den Zuschauer, die jung erworbene Meisterschaft des deutschen Jongleurs. Die weißen Reifen fliegen von weither auf ihn zu, er greift sie. Die kleinen Bälle (…) steigen und fallen wie ein bunter Fontänenstrahl. (…) Die großen bunten Bälle kreisen auf seiner Fingerspitze, hüpfen über Kopf und Nacken, stehen plötzlich still, bewegen sich weiter, als gehorchten sie – willige Diener – einem Befehl: Sie werden mit dem Kopf nach oben geboxt und mit dem Kopf im Laufen wieder eingefangen. Gibt es hier noch ein Gesetz der Schwere? Und plötzlich vollzieht sich ein Meisterstück der Jonglierskunst: neun Reifen werden hochgeworfen und wieder eingefangen, während der junge Jongleur Ball und Stäbchen auf dem Kopf balanciert.

Schlesische Sonntagszeitung

Kartoffeln schälen

Eine gekochte Kartoffel von guter Qualität zu schälen ist ein erlesenes Vergnügen.

Man nimmt sie zwischen die Daumenbeere und die Spitze des Messers, das die andern Finger derselben Hand halten, und zieht – nachdem man sie angeschnitten hat – dieses rauhe, dünne Papier an einer seiner Lippen zu sich, um es vom appetitlichen Fleisch der Knolle zu lösen.

Der leichte Eingriff verschafft, wenn man gelernt hat, ihn ohne allzuviel Neuansetzen durchzuführen, ein Gefühl unaussprechlicher Befriedigung.

Das leichte Geräusch beim Ablösen der Gewebe ist für das Ohr angenehm und die Entdeckung des eßbaren Fleisches erfreulich.

Wenn man die Vollkommenheit der entblößten Frucht, ihr Anders-Sein, ihre Ähnlichkeit, ihre Überraschung – und die Leichtigkeit des Eingriffs – bedenkt, so scheint's, als habe man etwas Rechtes vollbracht, etwas von der Natur schon lange Vorhergesehenes und Gewünschtes, das zu erfüllen jedoch uns zum Verdienst gereicht.

Deswegen will ich auch nichts weiter drüber sagen, selbst auf die Gefahr hin, daß ich mich scheinbar mit einem allzu simplen Werk zufriedengebe. Ich brauchte ja nur – in ein paar mühelos hingeworfenen Sätzen – mein Thema zu entkleiden, brauchte nur ganz genau dem Umriß seiner Form nachzugehen: sie unberührt, doch poliert, strahlend und durchaus bereit, die Freuden des Genusses zu erleiden wie zu spenden, hinterlassend. ... Diese Zähmung der Kartoffel durch eine zwanzigminütige Behandlung mit kochendem Wasser ist recht merkwürdig (gerade jetzt, während ich schreibe, kochen vor mir – es ist ein Uhr morgens – Kartoffeln auf dem Herd).

Man hat mir gesagt, es sei besser, wenn das Wasser scharf, gesalzen sei: es muß nicht sein, ist aber besser so.

Ein Heidenlärm läßt sich vernehmen: das Wasser kocht. Es gerät in Zorn, ist zumindest auf dem Gipfel der Unruhe. Wütend löst es sich in Dampf auf, schäumt, brüht sogleich, pfeift und zischt: kurz und gut, es ist höchst aufgeregt auf diesen glühenden Kohlen.

Meine Kartoffeln, die da drin schwimmen, werden von Zuckungen befallen, durcheinandergeschüttelt, beschimpft, bis aufs Mark durchtränkt.

Zweifellos gilt der Zorn des Wassers nicht ihnen, doch müssen sie seine Auswirkungen ertragen – und da sie sich nicht freimachen können von dieser Umgebung, werden sie tiefgreifend von ihr verändert (ich wollte schreiben: gehen sie dabei auf ...).

Zu guter Letzt bleiben sie erledigt oder zumindest

sehr abgekämpft darin liegen. Wenn sie mit ihrer Gestalt davongekommen sind (was nicht immer der Fall ist), sind sie gar, sind sie gefügig geworden. Alle Härte ist aus ihrem Fleisch verschwunden: sie schmecken einem.
Auch ihre Haut hat sich ebenso rasch verändert: man muß sie abziehen (sie ist zu nichts mehr nutze) und zum Abfall werfen …
Bleibt der bröcklige und schmackhafte Block – der zunächst zwar, doch nicht so sehr, zum Leben und dann zum Philosophieren taugt.

Francis Ponge

Kochen

An dem Tag, als mein Mann mich anrief, um mir zu sagen, daß er mich heiraten wolle, schwammen in meiner Badewanne sechzehn tiefgekühlte Fasane. Ich war gerade dabei, sie aufzutauen. Sie hätten frisch geliefert werden sollen, nicht tiefgekühlt.
Ich erwartete zweiunddreißig Gäste zum Abendessen. Hygienisch betrachtet, ist es nicht leicht, Geflügel aufzutauen. Ich bemühte mich, die Fasane aufzutauen und sie gleichzeitig kühl zu halten. Die Vögel boten einen traurigen Anblick. Sechzehn nackte, armselige kleine Körper, die im Badewasser auf und nieder tanzten.
»Ich liebe dich«, sagte er am Telefon zu mir. »Ich wurde geboren, um mit dir zusammenzusein.« Ich zog meine Gummihandschuhe aus. Eine solche Unterhaltung kann man nicht führen, wenn man Gummihandschuhe trägt.
»Ich habe sechzehn Fasane zum Auftauen in der Badewanne liegen«, sagte ich zu ihm. Das schien ihm nichts auszumachen. »Ich habe noch nie im Leben einen Fasan zubereitet«, sagte ich. Ich wollte nicht, daß er mich für die Sorte Mensch hält, die ständig Fasane brät.
Ich war ein bißchen nervös und wußte nicht, was ich sonst noch sagen sollte. »Nur eine Wahnsinnige

würde bei ihrem ersten Versuch, Fasan zuzubereiten, sechzehn Stück nehmen«, sagte ich.
»Ich liebe dich«, sagte er. »Ich möchte dich heiraten.« Ich hörte auf, von den Fasanen zu reden. Die Fasane waren nicht mein Problem. Ich hatte ein viel größeres Problem. Ich war mit einem anderen Mann verheiratet.

Essen scheint in vielen Bereichen meines Lebens eine zentrale Rolle gespielt zu haben. Meine Mutter war eine sehr gute Köchin. Wenn sie kochte, lebte sie in ihrer eigenen Welt. Einer quicklebendigen Welt. Sie war ständig in Eile. Sie knallte Töpfe und Pfannen auf den Herd; sie schlug die Türen der Küchenschränke zu. Sie öffnete und schloß einen Drehschrank in der Ecke der Küche mit solcher Geschwindigkeit, daß ich fürchtete, sie würde sich eines Tages gleich ein paar Finger mit abdrehen.
In der Küche meiner Mutter ging es immer laut zu. Ihr Mixer surrte, und ihr Fleischwolf dröhnte. Meine Mutter hackte und mischte und rührte und knetete. Während das Essen kochte, wusch sie genauso laut und energisch das schmutzige Geschirr ab.
In diesem ganzen Tumult gelang es meiner Mutter, ein hervorragendes Essen auf den Tisch zu bringen. Es schmeckte nicht nur gut, es sah auch noch wunderbar aus. Meine Mutter arrangierte ihre Essen

sehr kunstvoll. Und das war lange Zeit vor Gourmetkritikern oder *Vogue Living*.
Sie kochte immer viel zuviel. Zuviel für die täglichen Mahlzeiten der Familie und zuviel für ihre Gäste, die sie regelmäßig zum Abendessen einlud.
[…]
Wir wußten alle, daß wir in der Küche nichts verloren hatten, wenn meine Mutter kochte. Manchmal machte mein Vater den Fehler, in die Küche zu schleichen, um etwas zu trinken oder um sich ein Bier zu holen. Und zwar mit Sicherheit dann, wenn meine Mutter gerade ein Soufflé im Ofen hatte. Das Soufflé meiner Mutter spürte auch den vorsichtigsten Schritt. Selbst beim leisesten Lufthauch fiel das Soufflé zusammen. Meine Mutter war stolz auf ihre perfekten Soufflés. »Das Soufflé, Moniek, das Soufflé«, schrie sie, wenn er in die Küche drängte.
Kochen war etwas, das meine Mutter allein machte. Sie wollte nicht, daß man ihr in der Küche Gesellschaft leistete. Sie redete nicht gern beim Kochen. Sie wollte auch keine Hilfe. »Geh' lernen«, sagte sie, wenn ich ihr helfen wollte. Sie war gern allein mit ihren Töpfen und Pfannen, ihren Kochlöffeln und Bratenwendern. Und sie behielt ihre Rezepte für sich. Wenn Freunde ihr zusetzten, ihre Rezepte preiszugeben, machte sie ungenaue Mengenangaben. Eine Handvoll von diesem, ein Stück von je-

nem. Es ist keinem je gelungen, eines ihrer Rezepte nachzukochen.
Obwohl ich in der Küche nichts zu suchen hatte und meine Mutter mir kein einziges Rezept verriet, lernte ich mit der Zeit, alle ihre Gerichte zuzubereiten. Darüber wunderte ich mich oft. Woher wußte ich, wie man eine Kapuschniak, eine Suppe aus Sauerkraut, Kartoffeln und Kalbsknochen, kocht? Ich wußte es einfach. Ich schloß die Augen und sah meine Mutter, wie sie Zwiebeln anröstete. Dann fügte sie Mehl und Pfeffer hinzu und goß mit Wasser auf. Danach kamen die Knochen hinein. Wenn sie lange genug gekocht hatten und sich das Mark löste, wurde das Sauerkraut hinzugefügt und zum Schluß die geschälten Kartoffeln. Als ich die Suppe das erste Mal kochte, erklärte mein Vater, sie würde genauso schmecken wie die meiner Mutter. Und das war ein Kompliment, das ihm nicht so ohne weiteres über die Lippen kam.
Wie sickert dieses Wissen in uns ein? Durch Osmose? Ich kann Lattkes, Tzimmes, Klops, Mazzebrei, Farfel und Kascha zubereiten.[1] Ich kann Kalbsbrust machen und das Brathuhn meiner Mutter. Offenbar

1 Lattkes: Kartoffelpuffer; Tzimmes: gesüßte Karotten;
Klops: Hackbraten;
Mazzebrei: Brei aus ungesäuertem Brot;
Farfel: Nudeln; Kascha: Grießbrei.

nehmen wir viel mehr in uns auf, als uns bewußt ist. Ich habe so viele intensive Erinnerungen an meine Mutter, wie sie in ihrer Küche steht und kocht. Ich bringe meine Mutter zum Leben, indem ich ihre Gerichte zubereite. Ich sehe, daß ich Küchenutensilien ebenso handhabe wie sie. Ich schäle Äpfel und Kartoffeln mit den gleichen Gesten und Bewegungen.

Ich habe ähnliche Hände wie meine Mutter. Manchmal, wenn ich meine Hände dabei beobachte, wie sie Zwiebeln hacken oder einen Apfel vierteln, vergesse ich, wer ich bin. Dann denke ich, ich sei meine Mutter. Manchmal bin ich darüber beunruhigt, manchmal bin ich unglücklich, manchmal tröstet es mich. Und manchmal ist es so intensiv, daß ich aus der Küche ins Bad gehen muß. Dort sehe ich in den Spiegel und erkenne, daß ich ich selbst bin.

Meine Mutter ist überall in meiner Küche gegenwärtig. Ich habe einen alten Sunbeam Mixer. Der ist nicht so praktisch wie die neueren Maschinen, die hacken und reiben und rühren und mixen können. Aber ich behalte ihn in meiner Küche, weil er genau das gleiche Modell ist wie der, den meine Mutter in ihrer Küche hatte.

Nachdem meine Mutter gestorben war, nahm ich ihr Nudelholz, ihre Reiben und Siebe, Geflügelscheren und Holzlöffel und hing sie in meiner Küche auf. Ich benutze sie jeden Tag. Ich rühre Zwiebeln mit

dem gelben Plastiklöffel, den sie für ihre Teflonpfanne verwendete, und ich schöpfe Suppe mit ihrer Suppenkelle mit dem grünen Griff.
Meine jüngere Tochter, eine sehr talentierte Köchin, brät ihren Klops in demselben Schmortopf, in dem auch meine Mutter Klops zubereitet hatte. Diese Tochter nervte meine Mutter stets damit, den rohen Klopsteig kosten zu wollen. Sie wurde zum wichtigsten Klopstester meiner Mutter. Die Testfrage betraf das Salz: War genug darin oder zuwenig? Sie erinnert sich heute noch an den Geschmack des Klopsteigs. Sie war elf Jahre alt, als meine Mutter starb.
Meine Tochter und ich kochen die Hühnersuppe meiner Mutter gemeinsam. Wir nehmen ein koscheres Huhn (vielleicht sind die besser, weil sie gesegnet werden), eine Zwiebel, eine Pastinake, zwei Karotten, vier Stangen Sellerie, etwas Petersilie, Salz und Pfeffer und setzen alles in einem großen Topf mit Wasser auf. Manchmal kochen wir das Rezept doppelt. Und dann stehen wir beide da, das Haar zurückgekämmt, mit losen Haarsträhnen, die sich im heißen Dampf zu Locken drehen. Wenn es Winter ist, beschlagen die Fensterscheiben. Wir stehen über den beiden Töpfen, in denen die Hühnersuppe kocht, und denken an meine Mutter. Es ist ein starkes und unausgesprochenes Ritual.
Wenn wir eines der Gerichte meiner Mutter kochen,

kommt es gelegentlich vor, daß meine Tochter die Art, wie ich etwas schneide, korrigiert. »So hat Nana das nie gemacht«, sagt sie dann. Und ich frage mich, weshalb sie das weiß.

Sie hat schon als kleines Mädchen gekocht. An den Wochenenden bereitete sie das Frühstück für ihren Bruder und ihre Schwester. Toast und geröstete Tomaten, Fruchtsalat und selbstgemachtes Müsli für fünfzig Cents. Ihr Bruder und ihre Schwester aßen das Frühstück, aber sie zahlten nie dafür.

Meine jüngere Tochter hatte eine Anschlagtafel, auf der sie genau Buch führte über die Schulden, die ihre Geschwister bei ihr hatten. Als sie zwölf war, erkannte sie schließlich, daß sie ihr Geld nie bekommen würde. Sie entfernte alle Notizen von der Tafel. Sie warf sie weg und schrieb das Ganze als Verlust ab. »Man muß Vorauskasse machen«, sagte sie zu mir.

Ich wurde daheim nicht zum Kochen angehalten. Ich sollte wichtigere Dinge tun, wie Schulaufgaben erledigen und Klavier spielen. Also mußte ich jede gebotene Gelegenheit nutzen, um zu kochen. Und die ergab sich, wenn meine Eltern nicht zu Hause waren.

Ich stellte die seltsamsten Zutaten zusammen – lauter Dinge, von denen ich hoffte, daß meine Mutter sie nicht vermissen würde. Eine alte Tube Mandelpaste, ein paar Löffel Marmelade, eine halbe Tasse Honig, die Krümel aus der Mazzepackung, Pflaumensaft, Schokoladestücke und soviel Butter, wie ich sauber auf allen vier Seiten von einem großen Stück Butter herunterschneiden konnte.

Das hört sich wie eine vielversprechende Mischung an. Potentiell kompatible Zutaten. Aber meine Kochkenntnisse waren zu lückenhaft. Die meisten meiner Rezepte gingen daneben. Meine Kuchen gingen nicht auf, und meine Toffees wurden nicht fest. Ich ließ mich nicht entmutigen. Ich versuchte es immer aufs neue. Jedesmal, wenn meine Eltern ausgingen, eilte ich in die Küche.

Doch ich hatte einfach kein Talent zum Kuchenbacken. Meine Kuchen waren jämmerliche Gebilde. Runde, gummiartige Dinger mit einer Wölbung in der Mitte; oder das Gegenteil, ein labbriger Kreis mit einer zähen Mitte von undefinierbarer Farbe.

Ich habe nie gelernt, Kuchen zu backen. Der einzige Kuchen, der mir gut gelang, ist ein Käsekuchen, und ich habe schon vor Jahren damit aufgehört, Käsekuchen zu backen. Ich war davon besessen, den fertigen Kuchen aus dem Rohr zu ziehen, ohne daß die Oberfläche einriß. Das ist gar nicht so einfach. Manchmal hatte ich den perfekten Käsekuchen schon vorsichtig herausgeholt, um dann doch noch einen feinen Riß zu entdecken, wenn ich ihn hinstellte. Also mußte ich einen neuen Kuchen backen.

Das führte zu einem Überschuß an Käsekuchen, ein Problem, das ich bewältigte, indem ich das meiste vom Ausschuß allein aufaß.

Wenn ich auch eindeutig kein Talent zum Kuchenbacken hatte, entwickelte ich auf einem anderen Gebiet große Fähigkeiten. Schon im Alter von zehn Jahren war ich eine Expertin bei der Toffeezubereitung. Jahre bevor es modern wurde, fügte ich meinen Toffees getrocknete Feigen und Aprikosen, Sesam und Kürbiskerne zu. Die meisten Kinder in Carlton hatten noch nie einen Kürbiskern oder eine Feige gegessen, aber bei den Wohltätigkeitsbasaren unserer Schule wurde mein Toffee zu einem heißbegehrten Artikel.

Meine Eltern haben mich nie kochen sehen. Ich konnte hundert Stück Toffee, in Förmchen abgekühlt und in Dosen verpackt, fertig haben, bevor sie aus dem Kino zurück waren.

Manchmal geriet ich in eine Notlage. Meine Eltern kamen früher als erwartet zurück. Das geschah vier- oder fünfmal, und ich war gerade dabei, einen Kuchen zu backen. Ich hatte nicht viel Zeit. Wir wohnten in einem winzigen Häuschen mit drei Zimmern. Vom Gartentor bis zur Küche brauchte man kaum eine halbe Minute.

Ich riß den halbgaren Kuchen aus dem Backrohr. Glücklicherweise war ich geistesgegenwärtig genug, die Kuchenform mit Geschirrtüchern anzufassen.

Ich rannte zur Hintertür hinaus, stellte mich auf die Treppe und warf den Kuchen über den Zaun in den Hof der Nachbarin. Ich versuchte, einen Baum zu treffen, aber zweimal landete die Mixtur auf Mrs. Dents Hintertreppe. Einmal flog auch die Kuchenform mit. Mrs. Dent hat weder meiner Mutter noch mir gegenüber jemals ein Wort darüber verloren. Aber sie bot mir an, mir zu zeigen, wie man eine Biskuitrolle bäckt.

Ich weiß nicht, was meine Eltern getan hätten, wenn sie mich beim Kochen erwischt hätten. Sie wären nicht erfreut gewesen, das weiß ich. Meine Mutter hätte sich Sorgen gemacht. Überall lauerten Gefahren: Das Gas war gefährlich, die Hitze, die Nahrungsmittel. Ich glaube, meine Mutter war der Ansicht, je weniger ich mit Essen zu tun hätte, desto besser wäre es für mich.

Ein weiterer seltsamer Aspekt bei alldem war der, daß weder meine Mutter noch mein Vater jemals einen Kommentar zu den unverkennbaren Düften abgaben, die das Haus nach meinen Ausflügen in die Welt kulinarischer Kreativität durchzogen.

[...]

Ich finde, daß es einem selbst Kraft gibt, andere mit Essen zu versorgen. Eine der schönsten Erinnerungen an die Zeit, als meine Kinder noch klein waren, ist die, wenn sie, eins nach dem anderen, aus der Schule nach Hause kamen. Die erste Frage, sobald sie im Haus waren, lautete stets: »Was gibt's zu essen?«

Als die Kinder heranwuchsen, aßen unsere Freunde samt ihren Freunden häufig bei uns. Meine Kinder zogen ihre Freunde in die Küche, damit die sich die Größe meiner Töpfe ansehen. »Sie macht immer so viel«, hörte ich meinen Sohn eines Tages lässig zu einem seiner Freunde sagen. Sie betrachteten dabei zwei Töpfe, gefüllt mit je etwa hundert Portionen Spaghettisauce.

Die Freude am Kochen erinnert mich oft an die Freude, die ich beim Schreiben empfinde. Beides gibt eine ähnliche Befriedigung und ein Gefühl der Ruhe, die dabei entsteht, wenn man die unterschiedlichen Zutaten auswählt und miteinander mischt. Man muß einen klaren Kopf haben und einen Überblick darüber, wohin man will, wenn man ein Gericht zubereitet. Und man muß vorbereitet sein. Bei einem Roman ist das genauso.

Wenn in der Küche alles funktioniert, dann gibt es da eine Musikalität und einen Rhythmus, die mich an gutes Schreiben erinnern. All die grundverschiedenen Elemente fügen sich ineinander, über-, unter- und nebeneinander und lassen etwas Neues entstehen.

Kochen hat etwas Verführerisches. Meine jüngere Tochter hat immer gezögert, bevor sie eine Einladung zum Essen bei ihren Schulfreunden annahm.

Sie hat zuerst zu Hause angerufen und gefragt, ob es nicht gerade an dem Tag eine ihrer Lieblingsspeisen gab. Und ich weiß, daß ich Freunde habe, die über einige meiner schlechteren Eigenschaften hinwegsehen, weil ihnen mein Essen so gut schmeckt.
Große Mengen zu kochen heißt, daß man große Mengen einkaufen muß. Mit meiner Mutter in den Supermarkt zu gehen war ein erschöpfendes Unterfangen. Sie legte ein Pfund Butter in den Einkaufswagen, ging zwei Schritte weiter, dann ging sie wieder zurück und holte ein zweites und schließlich noch ein drittes. Die Entscheidungen, wieviel von allem genug sein würde, waren anstrengend. Ich bin genauso. Meinen Mann macht das wahnsinnig. Ich muß die zusätzlichen Waschmittelpakete oder Toilettenpapierrollen in den Einkaufswagen schmuggeln, wenn wir gemeinsam einkaufen. Er möchte wissen, warum wir zehn Pfund Reis und vier Gläser Weizenkeime brauchen. Es fällt mir schwer, darauf eine Antwort zu geben.
Im Sommer kaufe ich große Pflaumen und Mangos und Aprikosen und Birnen in Chinatown. Das Obst ist sehr preiswert und immer frisch. Die Käufer, meistens chinesische Frauen, sind sehr wählerisch. Sie prüfen jede Pflaume, jede Stange Lauch oder jedes Stück Papaya. Ich bekomme fünfzehn Pflaumen für einen Dollar oder sechs große Mangos für fünf Dollar. Chinatown ist der herrlichste Ort, um Obst,

Gemüse und Fisch zu kaufen. Alle Warenschilder sind chinesisch beschriftet. Ich deute auf das, was ich gerne hätte. Bei Obst und Gemüse geht das gut, allerdings bin ich oft mit einem Fisch abgezogen, den ich nicht kannte. Aber er schmeckte immer sehr gut.

Das Obst und Gemüse, das ich in Chinatown kaufe, wird sauer eingelegt oder eingekocht. Ich mache Chutneys, Relishes und Essiggurken, Marmeladen und Gelees. Im Sommer verbringe ich mehrere Abende pro Woche damit, siedende Kessel mit Rhabarber und Zwiebeln und Rosinen zu rühren, oder mit Birnen und Ingwer, oder mit Tomaten und Chilies.

Ich stehe über den Töpfen und rühre, die Haare zurückgebunden, die Ärmel aufgerollt. Manchmal bin ich fast so naß wie die Chutneys und Relishes, die ich koche. Jeder Topf, in dem ich umrühre, bedeutet zwei oder drei Stunden schneiden und hacken. Ich probiere die Chutneys und Relishes, ob sie weich genug und dickflüssig sind. Ich renne mit kalten Tellern zwischen Kühlschrank und Herd hin und her, wenn ich die Gelierprobe für Marmeladen und Gelees mache.

Wenn alles bereit ist, hole ich die sterilisierten Einmachgläser aus dem Ofen. Ich fülle sie und wische sie mit einem heißen Tuch ab. Dann klebe ich die Etiketten auf. Wenn ich alles aufgeräumt habe, bin ich völlig erschöpft. Jedes Jahr beschließe ich, damit aufzuhören. Ich denke an meine Rückenschmerzen von der gebeugten Haltung beim Hacken und Schneiden, daß es Tage braucht, bis ich die Pflaumensaftflecken unter meinen Fingernägeln wegbringe und den Geruch nach Obst und Essig aus unseren Wänden. Und dann denke ich an die Einmachgläser. Die vielen vollen Regale, und alles hält jahrelang. Und wenn wir etwas brauchen, ist es da.

Ich weiß, daß ich nicht noch mehr einzukochen brauchte. Wir haben noch Dutzende voller Einmachgläser in einem dunklen, kühlen Schrank im Wohnzimmer. Aber ich habe ein Bedürfnis danach, das mir unerklärbar ist. Wenn ich Gemüse und Obst sauer einlege oder einkoche, dann bin ich mit der Vergangenheit vereint. Mit einer anderen Zeit und einem anderen Leben; einem Leben, das mir bestimmt war, bevor Hitler intervenierte. Ich bin in Lodz. Ich bin mit meiner Mutter vereint. Ich bin nicht bloß ihr australisches Kind. Ich bin mit einer Stadt und einer Zeit vereint, die niemals mein waren.

Früher habe ich oft von Lodz geträumt. Ich träumte von den Straßenbahnschienen und den dunklen Häusern, bevor ich sie je sah. Wenn ich das Weißkraut salze und die roten Rüben schneide, dann bin ich in Lodz. Bei der Mutter meines Vaters, mei-

ner Großmutter (zwei Worte, die ich nur selten zusammengesetzt habe), die jedes Jahr ihr gehobeltes, eingelegtes Weißkraut in den Keller brachte, um im Winter Sauerkraut zu haben.
In manchen Jahren ist es mir gelungen, es bis zur letzten Minute auszuhalten. Dann aber wurde ich von einer fast verzweifelten Hektik gepackt, rannte, um die Zutaten zu besorgen, holte die Einkochkessel hervor, die Schöpfkellen, die Einmachgläser, die Deckel und die Etiketten. Und bevor ich es richtig bemerkt habe, stehe ich wieder vor den dampfenden Bottichen und bin glücklich.

Lily Brett

Das Lachen

Ich habe ein himmlisches Lachen gehört, ein Kinderlachen, ein wunderbares Gelächter, ein ganz feines, silberreines. Ein göttliches Kichern war's. Ich kam gestern, Sonntag, gegen sieben Uhr heim, da hörte ich's, und ich muß hier unbedingt Bericht davon erstatten. Wie arm in ihrem Ernst und mit ihren trocken-ernsthaften Mienen sind die Erwachsenen, die Großen. Wie reich, wie groß, wie glücklich sind die Kleinen, die Kinder. Ein so volles, reiches, süßes Glück lag im Lachen der zwei Kinder, die neben einer Erwachsenen einhergingen, eine so überschwengliche, reizende Freude. Sie waren ganz Seligkeit, indem sie sich dem Lachen hingaben. Ich lief absichtlich langsam, damit ich sie recht lange lachen hören könne. Ein Genuß war's für sie, sie genossen die ganze Köstlichkeit, die in einem Lachen liegen kann. Sie konnten gar nicht aufhören mit Lachen, und ich sah, wie es sie schüttelte. Sie krümmten sich förmlich darunter. O, so rein war's, so ganz nur kindlich! Worüber sie vielleicht am unbändigsten und am lieblichsten lachten, war die strenge Miene, die das erwachsene Fräulein neben ihnen zu ziehen für nötig erachtete. Des großen Mädchens Ernst gab ihnen am meisten zu lachen. Doch endlich, von so viel liebreizender Lustigkeit hingerissen, lachte auch die Gemessene, die Ernste und die Große. Sie war besiegt von den Kindern und lachte nun wie ein Kind mit den Siegerinnen, den Kleinen. Wie sind über die Grämlichen die Glücklichen Sieger! Die zwei Kinder lachten in ihrer Unschuld über alles, über Heutiges und Gestriges, über dieses und jenes, über sich selber. Sie mußten über ihr eigenes Lachen lachen. Ihr Lachen kam ihnen immer lächerlicher, lustiger vor. Ganz deutlich fühlte und hörte ich's. Ich pries mich glücklich, daß ich das Glöckchenkonzert, das Lachkonzert anhören durfte. Die ganze Straße entlang lachten sie. Sie wollten fast umfallen, sich fast auflösen und zergehen vor Lachen. Alles an ihnen, den lieben glücklichen Kindern, lachte mit, die Köpfe, die Glieder, die Hände, Füße und Beine. Sie bestanden ganz nur noch aus Lachen. Wie schimmerte und glitzerte die Lachlust in ihren Augen! Ich glaube fast, sie mußten so gräßlich, so grausam, so anhaltend lachen über einen dummen, kleinen Jungen. So schelmisch und wieder so schön war's, so rührend und so ausgelassen. Wahrscheinlich war der Lachanlaß nur ganz geringfügig gewesen. Kinder sind eben Künstler im Erfassen eines Grundes, recht selig zu sein. Ein kleiner, leiser Vorfall mag es gewesen sein, und da machten sie eine große Geschichte daraus, hingen solch ein langes, großes, breites, üppiges Lachen daran. Kinder wissen, was sie glücklich macht. *Robert Walser*

Tage des *L*esens

Es gibt vielleicht keine Tage unserer Kindheit, die wir so voll erlebt haben wie jene, die wir glaubten verstreichen zu lassen, ohne sie zu erleben, jene nämlich, die wir mit einem Lieblingsbuch verbracht haben. Alles, was sie, wie es schien, für die andern erfüllte und was wir wie eine vulgäre Unterbrechung eines göttlichen Vergnügens beiseite schoben: das Spiel, zu dem uns ein Freund bei der interessantesten Stelle abholen wollte; die störende Biene oder der lästige Sonnenstrahl, die uns zwangen, den Blick von der Seite zu heben oder den Platz zu wechseln; die für die Nachmittagsmahlzeit mitgegebenen Vorräte, die wir unberührt neben uns auf der Bank liegen ließen, während über unserm Haupt die Sonne am blauen Himmel unaufhaltsam schwächer wurde; das Abendessen, zu dem wir zurück ins Haus mußten und während dessen wir nur daran dachten, sogleich danach in unser Zimmer hinaufzugehen, um das unterbrochene Kapitel zu beenden, all das, worin unser Lesen uns nur Belästigung hätte sehen lassen müssen, grub im Gegenteil eine so sanfte Erinnerung in uns ein (die nach unserm heutigen Urteil um so vieles kostbarer ist als das, was wir damals mit Hingabe lasen), daß, wenn wir heute manchmal in diesen Büchern von einst blättern, sie nur noch wie die einzigen aufbewahrten Kalender der entflohenen Tage sind, und es mit der Hoffnung geschieht, auf ihren Seiten die nicht mehr existierenden Wohnstätten und Teiche sich widerspiegeln zu sehen.

Wer erinnert sich nicht, wie ich, des Lesens während der Ferien, das man nacheinander in all jenen Stunden des Tages barg, die hinreichend friedlich und unverletzlich waren, um ihm Asyl zu gewähren. Morgens, nach der Rückkehr aus dem Park, wenn alle zu einem Spaziergang aufgebrochen waren, schlüpfte ich in das Eßzimmer, das bis zu der noch fernen Stunde des Mittagessens niemand, bis auf die alte, verhältnismäßig stille Félicie, betreten würde und wo ich als dem Lesen besonders gewogene Gefährten nur die an der Wand hängenden bemalten Teller hatte, den Kalender, dessen vortägiges Blatt frisch abgerissen worden war, die Standuhr und das Feuer, die beide sprechen, ohne zu erwarten, daß man ihnen antwortet, und deren sanfte, sinnlose Sätze nicht wie die Worte der Menschen einen andern Sinn an die Stelle der Wörter setzen, die man liest. Ich ließ mich auf einem Stuhl vor dem kleinen Holzfeuer nieder, von dem der früh aufstehende und gärtnernde Onkel während des Mittagessens sagen würde: »Das ist gar nicht übel. Man kann ganz gut ein bißchen Feuer vertragen. Ich kann euch versichern, daß es heute morgen um sechs im Garten noch hübsch kalt war. Wenn man bedenkt, daß in acht Tagen Ostern ist!« Bis zum Mittagessen, das leider dem Lesen ein Ende setzen würde, waren es noch zwei volle Stunden. Von Zeit zu Zeit hörte man das Geräusch der Pumpe, aus der gleich das Wasser fließen würde und durch die man veranlaßt wurde, den Blick zu heben, um sie durch das geschlossene Fenster zu betrachten, hier, ganz nah, auf dem einzigen Weg des Gärtchens, das seine mit Stiefmütterchen bepflanzten Beete mit Ziegeln und halbmondförmigen Fayencen einfaßte: Stiefmütterchen, die an den allzu schönen Himmeln gepflückt zu sein schienen, an den buntschillernden Himmeln, als ob sich die Kirchenfenster darin spiegelten, und die man zuweilen zwischen den Dächern des Dorfes sah, an den trüben Himmeln, die vor den Gewittern erschienen oder danach, sehr spät, wenn der Tag schon zu Ende ging. Leider kam die Köchin lange im voraus, um den Tisch zu dekken; und wenn sie ihn wenigstens gedeckt hätte, ohne zu sprechen! Aber sie glaubte sagen zu müssen: »Sie sitzen nicht bequem; soll ich Ihnen einen Tisch heranrücken?« Und nur, um »Nein, vielen Dank!« zu antworten, mußte man plötzlich innehalten und von weither seine Stimme holen, die hinter den Lippen geräuschlos eilig alle Wörter nachsprach, die die Augen gelesen hatten; man mußte sie anhalten, sie hervortreten lassen und, damit sie höflich »Nein, vielen Dank!« sage, ihr den Anschein von gewöhnlichem Leben und den Tonfall einer Antwort geben, den sie verloren hatte. Die Zeit verging; oft begannen lange vor dem Mittagessen schon jene in das Eßzimmer zu treten, die, weil sie ermüdet waren, den Spaziergang abgekürzt und »den Weg über Méréglise« genommen hatten, oder auch jene, die an diesem Vormittag überhaupt nicht weggegangen waren, weil sie »zu schreiben« hatten. Sie sagten wohl: »Laß dich nicht stören«, aber begannen doch bald, sich dem Feuer zu nähern, nach der Uhrzeit zu sehen und zu erklären, daß das Mittagessen nicht unwillkommen wäre. [...] Einige setzten sich, ohne noch länger zu warten, zu Tisch, an ihren Platz. Das brachte mich in tiefe Betrübnis, denn es würde ein schlechtes Beispiel für die andern Ankommenden sein, würde den Eindruck erwecken, daß es bereits zwölf Uhr sei, und meine Eltern zu früh das verhängnisvolle Wort sprechen lassen: »Komm, klapp dein Buch zu, wir wollen essen.« [...]

Nach dem Mittagessen nahm ich meine Lektüre sofort wieder auf; besonders wenn der Tag warm war, zog jeder sich in sein Zimmer zurück, was mir erlaubte, über die kleine Treppe mit den engen Stufen sofort in das meinige zu gehen, das in dem einzigen Stockwerk lag, das so niedrig war, daß man nach dem Übersteigen des Fensterbretts nur einen Kindersprung hätte zu tun brauchen, um auf die Straße zu gelangen. Ich ging zum Fenster, um es zu schließen, ohne dabei den Gruß des Büchsenmachers gegenüber vermeiden zu können, der unter dem Vorwand, seine Rolläden herunterzulassen, jeden Tag nach dem Mittagessen seine Pfeife vor der Tür rauchte und den Vorübergehenden einen guten Tag wünschte, die dann manchmal stehenblieben, um mit ihm zu plaudern. […]

Ich konnte nie lange in meinem Zimmer lesen, da mußte ich in den einen Kilometer vom Dorf entfernten Park gehen. Doch nach dem auferlegten Spiel kürzte ich das Ende der Nachmittagsmahlzeit ab, die in Körben mitgebracht und am Ufer des Flusses im Gras an die Kinder verteilt worden war, dort, wo auch das Buch lag, das wieder zu nehmen verboten war. Etwas weiter entfernt, in ziemlich ungepflegten und geheimnisvollen Tiefen des Parks, hörte der Fluß auf, ein gradliniger, künstlicher Wasserlauf zu sein, auf dem Schwäne schwammen und der von Wegen mit lächelnden Statuen eingefaßt war; er durcheilte, während manchmal Karpfen aus seinem Wasser sprangen, die Einfriedung des Parks und wurde zu einem Fluß im geographischen Sinn des Wortes – einem Fluß, der einen Namen haben mußte – und zögerte nicht (wirklich derselbe wie der zwischen den Statuen und unter den Schwänen?), sich zwischen die Wiesen zu ergießen, auf denen Rinder schliefen und deren Butterblumen er umspülte, Wiesen, die durch ihn ziemlich sumpfig wurden und auf der einen Seite durch unförmige Türme, die, wie man sagte, Reste aus dem Mittelalter waren, mit dem Dorf zusammenhingen und auf der anderen Seite durch ansteigende, mit Heckenrosen und Weißdornhecken bewachsene Wege bis in die »freie Natur« reichten, die sich ins Endlose erstreckte, bis zu Dörfern, die andere Namen hatten, bis ins Unbekannte. Ich ließ die andern im unteren Teil des Parks am Ufer der Schwäne ihre Mahlzeit beenden und rannte in dem Labyrinth aufwärts bis zu einer Haselhecke, wo ich mich, unauffindbar, niederließ und mich an die gestutzten Haselsträucher lehnte, von wo aus ich das Spargelfeld sah, die mit Erdbeeren bepflanzten Umrandungen, das Becken, aus dem an manchen Tagen im Kreis gehende Pferde Wasser heraufschöpften, das weiße Tor, das das obere »Ende des Parks« darstellte, und jenseits davon die Felder mit Kornblumen und Mohnblumen. In dieser Haselhecke herrschte tiefe Stille, und die Gefahr, entdeckt zu werden, war sehr klein; die Sicherheit wurde noch süßer durch die fernen Stimmen derer, die von unten vergeblich nach mir riefen, die manchmal sogar näherkamen, die ersten Böschungen heraufstiegen, überall suchten, aber schließlich wieder umkehrten, da sie mich nicht gefunden hatten; dann kein Geräusch mehr; nur von Zeit zu Zeit der goldene Ton der Glocken, die in der

Ferne, jenseits der Ebenen hinter dem blauen Himmel, zu ertönen schienen und mich über die verstreichende Zeit hätten unterrichten können, doch von ihrer Sanftheit überrascht und durch das darauf folgende noch tiefere, auch von den letzten Tönen befreite Schweigen verwirrt, war ich der Schläge niemals sicher. Es waren nicht die dröhnenden Glokken, die man bei der Rückkehr ins Dorf hörte – wenn man sich der Kirche näherte, die in der Nähe wieder ihre hohe starre Gestalt angenommen hatte und ihre von Raben gepunktete Schieferhaube in das Blau des Abends reckte –, wie sie den Ton in Splittern auf dem Platz umherfliegen ließen »für die Güter der Erde«. Sie kamen nur abgeschwächt und sanft bis zum Ende des Parks, sich nicht mehr an mich richtend, sondern an alle Dörfer, an die auf ihren Feldern verstreuten Bauern, sie zwangen mich keineswegs, den Kopf zu heben, sie gingen nahe an mir vorbei, die Stunde in ferne Länder tragend, ohne mich zu sehen, ohne mich zu kennen und ohne mich zu stören.

Und manchmal schützten auch zu Hause im Bett, lange nach dem Abendessen, die letzten Stunden des Tages meine Lektüre, doch dies nur an Tagen, an denen ich die letzten Kapitel eines Buches erreicht hatte und bis zum Ende nicht mehr viel zu lesen blieb. Trotz der Gefahr einer Strafe, wenn ich entdeckt würde, und trotz der Schlaflosigkeit, die sich nach Beendigung des Buches vielleicht über die ganze Nacht hinziehen würde, zündete ich dann, nachdem meine Eltern schlafen gegangen waren, meine Kerze wieder an; während über der nahen Straße zwischen dem stumm daliegenden Haus des Büchsenmachers und der Post der dunkle und doch blaue Himmel voller Sterne war und man links über dem erhöhten Gäßchen, wo dessen sich wendender Aufstieg begann, die Apsis der Kirche ungeheuerlich und schwarz wachen fühlte, der dörflichen und historischen Kirche, deren Skulpturen in der Nacht nicht schliefen, magischer Aufenthaltsort des Lieben Gottes, des geweihten Gebäcks, der vielfarbigen Heiligen und der Damen der benachbarten Schlösser, die an den Festtagen beim Überqueren des Marktes die Hühner gackern und die Klatschtanten gaffen ließen, wenn sie in ihren Kutschen zur Messe kamen, nicht ohne vor der Rückkehr beim Konditor auf dem Platz, unmittelbar nachdem sie den Schatten des Portals verlassen hatten, über das die Gläubigen durch das Aufstoßen der Klapptür die umherirrenden Rubine des Schiffes säten, ein paar jener turmförmigen, durch eine Markise vor der Sonne geschützten Kuchen zu kaufen – »Manqués«, »Saint-Honorés« und »Génoises« –, deren müßiggängerischer und süßer Geruch für mich mit den Glocken des Hochamts und der Fröhlichkeit der Sonntage verbunden bleibt.

Dann war die letzte Seite gelesen, das Buch war beendet. Ich mußte den eiligen Lauf der Augen anhalten und den der ihnen lautlos folgenden Stimme, der nur abbrach, um in einem tiefen Seufzer Atem zu schöpfen. Nun, um den zu lange schon in mir entfesselten Tumulten, damit sie sich beruhigen könnten, andere Bewegungen zu verschaffen, erhob ich mich und begann neben meinem Bett auf- und abzugehen, die Augen noch auf einen Punkt geheftet, den man vergeblich innerhalb oder außerhalb des Zimmers gesucht hätte, denn er lag nur in einem Abstand von der Seele, einem jener Abstände, die nicht wie die andern in Metern oder Meilen gemessen werden und die im übrigen unmöglich mit diesen verwechselt werden können, wenn man die »abwesenden« Blicke jener betrachtet, die »an etwas anderes« denken. Aber wie? das Buch war nicht mehr als das?

Marcel Proust

Malerei

Mitten im Winter unter sommerlicher Sonne im Garten zu lustwandeln: Diese Möglichkeit eröffnet uns die Malerei. Es könnte die von Max Liebermann sein, der seinen Garten am Berliner Wannsee vorzugsweise sommerlich porträtierte. Ungleich bekannter aber sind Claude Monets Gemälde, die seinen Garten in Giverny zeigen, dessen Pracht auch im Winter in voller Blüte steht, jedenfalls für die Dauer dieser Ausstellung im *Kunsthaus Zürich* zum Jahreswechsel 2004/05.

Die Bilder wecken Erinnerungen an unvergessliche eigene Besuche in diesem Traum von einem Garten. Vor unseren Augen blüht der Sommer wieder auf. Von der *Gare St. Lazare* in Paris geht der Zug Richtung Rouen, in Vernon steigen wir aus und nehmen für die letzten paar Kilometer ein Taxi. Bald schon nach der Überquerung der Seine kommen die hohen Mauern in den Blick, die die Idylle schützen. Ärgern wir uns nicht über die lärmende Straße, die mitten hindurchführt und von der die Bilder nichts erzählen: Monet erwarb das Grundstück jenseits der Straße erst nachträglich, um dort seinen Teich anzulegen, »eine Sache der Zerstreuung, und zum Vergnügen der Augen«, wie er sagte, »und ein Ziel für Motive zum Malen«.

Die Seerosenbilder entstanden hier. Wir sitzen auf den Steinstufen am Ufer des Gewässers, das weltberühmt geworden ist. Im Wind schwanken die langen Arme der Trauerweiden und streichen sanft über das Wasser. Die Nase wittert feine Düfte. Mannshohe Blütenpracht säumt die Wege. Der Maler selbst hat einst zum Spaten gegriffen und ein Kunstwerk mit anderen Mitteln geschaffen: Der Garten ist sein Gemälde. Ist das ein Beispiel für die mögliche Symbiose von Mensch und Natur? Für den Traum von einer Welt, in der immer alles nur wächst und gedeiht?

Die Impressionisten liebten das *Sujet* des Gartens. Die lichte, *apollinische* Seite der Existenz sahen sie darin. Sie pflegten damit, sehr bewusst, eine Illusion. Denn zum Garten gehören noch andere Seiten: Der Sturm, der darüber hinwegfegt, der Wolkenbruch, der Hagelschlag – nichts davon ist bei Monet oder Liebermann zu sehen. Für die Darstellung der dunklen, *dionysischen* Seite der Existenz – vor allem des Menschen selbst – fühlten sich andere zuständig, namentlich die Expressionisten. Und wir? Wir genießen den Garten, aber im Bewusstsein, dass auch seine Schattenseiten Bestandteil des Lebens sind. Menschen können im Garten wohnen. Aber es wird immer ein Garten am Rande des Abgrunds sein.

Wilhelm Schmid

*M*usik

Musik ist mir das Süßeste auf der Welt. Ich liebe Töne unaussprechlich. Ich kann, um einen Ton zu hören, tausend Schritte springen. Oft, wenn ich im Sommer durch die heißen Straßen gehe und aus einem unbekannten Hause ein Klavier tönt, stehe ich still und meine, an dieser Stelle sterben zu sollen. Ich möchte im Anhören eines Musikstückes sterben. Ich stelle mir das so leicht vor, so natürlich, und doch ist es natürlich wieder unmöglich. Töne sind zu zarte Dolchstiche. Die Wunden von solchen Stichen brennen wohl, aber es ist kein Eiter in ihnen. Wehmut und Schmerz träufeln statt des Blutes hervor. Wie die Töne aufhören, ist alles wieder ruhig in mir. Ich gehe dann an meine Schulaufgaben, zum Essen, zum Spiel und vergesse es. Klavier gibt mir den zauberischesten Ton. Mag auch eine Stümperhand spielen. Ich höre nicht das Spiel, nur den Ton. Ich kann nie ein Musiker werden. Denn ich würde es nie süß und trunken genug finden, Musik zu machen. Musik anhören ist viel heiliger. Musik stimmt mich immer traurig, aber so wie ein trauriges Lächeln ist. Ich möchte sagen: freundlich-traurig. Die lustigste Musik vermag ich nicht lustig zu finden und die schwermütigste Musik ist für mich keineswegs besonders schwermütig und entmutigend. Vor der Musik habe ich nur immer die eine Empfindung: mir fehlt etwas. Nie werde ich den Grund dieser sanften Traurigkeit erfahren, nie darnach forschen wollen. Ich wünsche es nicht zu wissen. Ich wünsche nicht alles zu wissen. Ich besitze überhaupt, so sehr ich mir intelligent vorkomme, wenig Wissensdrang. Ich glaube deshalb, weil ich von Natur das Gegenteil von neugierig bin. Ich lasse gern vieles um mich geschehen, ohne mich zu bekümmern, wie es geschieht. Das ist gewiß tadelnswert und wenig geeignet, mir im Leben zu einer Laufbahn zu helfen. Mag sein. Ich fürchte mich nicht vor dem Tode, also auch nicht vor dem Leben. Ich merke, ich gerate ins Philosophieren. Musik ist die gedankenloseste und deshalb süßeste Kunst. Rein verständige Menschen werden sie nie schätzen, aber sie wird gerade ihnen in Augenblicken, wo sie sie hören, am innigsten wohl tun. Man darf eine Kunst nicht begreifen und nicht schätzen wollen. Kunst will sich uns anschmiegen. Sie ist ein so überaus reines und selbstzufriedenes Wesen, daß es sie kränkt, wenn man sich um sie bemüht. Sie straft den, der ihr, indem er sie fassen will, entgegenkommt. Künstler erfahren das. Sie sind es, die ihren Beruf darin sehen, sich mit ihr zu befassen, die durchaus nicht angefaßt werden will. Deshalb möchte ich nie Musiker werden. Ich fürchte mich vor der Strafe eines so holden Wesens. Man darf eine Kunst lieben, aber man muß sich hüten, es sich zu gestehen. Man liebt am innigsten, wenn man nicht weiß, daß man liebt. – Mich schmerzt die Musik. Ich weiß nicht, ob ich sie wirklich liebe. Sie trifft mich, wo sie mich eben antrifft. Ich suche sie nicht. Ich lasse mich von ihr schmeicheln. Aber dieses Schmeicheln verwundet. Wie soll ich es sagen? Musik ist ein Weinen in Melodien, ein Erinnern in Tönen, ein Gemälde in Klängen. Ich kann es schlecht sagen. Die Worte über die Kunst da oben muß man nur nicht ernst nehmen. Sie treffen so gewiß nicht zu, als mich heute noch kein Ton getroffen hat. Mir fehlt etwas, wenn ich keine Musik höre, und wenn ich Musik höre, fehlt mir erst recht etwas. Dies ist das Beste, was ich über Musik zu sagen weiß.

Robert Walser

Die Schönheit der Nacht

Kurz nach Mitternacht besteigst Du an der *Giudecca*-Station *Santa Eufemia* einen Vaporetto und fährst zurück nach *San Marco*. Die *Zattere* sind nur noch ein dunkles, im Fahrtwind flatterndes Band, und das Wasser erscheint jetzt ebenfalls tintenschwarz und bewegt, als kreiste und rumorte es in der Tiefe, wohin die schönen Paläste und Kirchen abgetaucht sind.
Du steigst aus und erreichst bald den Markusplatz, er breitet sich wie leer gefegt vor Dir aus, nur hier und da stehen noch einige nächtliche Schwärmer, die nicht zu glauben scheinen, dass er nun für einige Stunden so verlassen und still daliegen wird. Du lässt sie zurück, Du gehst allem Gemurmel und Reden jetzt aus dem Weg, Du machst Dich auf den Weg durch die venezianische Nacht.

Jahrhundertelang ist Venedig dafür berühmt gewesen, dass die Nächte hier nicht enden wollten, erstaunt und begeistert berichteten noch die Fremden des 18. Jahrhunderts von den vielen Theatern mit ihren Aufführungen spätnachts, von den zweihundert Cafés, die niemals geschlossen waren, oder von den unzähligen *Casini*, in denen sich die Damen und Herren des hohen Adels erst weit nach

Mitternacht trafen, um gemeinsam die Nacht zu verbringen.
Insgesamt sechs Monate dauerte damals allein schon der Karneval, der auch in den kühleren Jahreszeiten die Spaziergänger nach draußen lockte, alle Lokale waren geöffnet, die Stadt war ein einziges Meer von glimmenden, bunten Laternen, durchbraust von den Scharen, die von Campo zu Campo forteilten und überall unterhalten wurden von Liedern, Gesängen, Kunststücken und Schauspielen. So kam früher das venezianische Lebensgefühl in der Nacht ganz zu sich selbst, man feierte und unterhielt sich, man streunte durch die Gassen der Stadt und verstand sie als Bühnenkulissen für die eigenen Auftritte.
Das ist längst vorbei, jetzt versinkt Venedig, als wollte man nun das andere Extrem übertreiben, viel früher als andere Städte im Dunkel. Die Nacht hat nichts Festliches mehr, eher hat sie nun etwas Spukhaftes, ein paar Spaziergänger begegnen Dir noch, huschen aber sofort ums nächste Eck, einige schwache Stimmen säuseln im Hintergrund, verebben aber bald, niemand verweilt noch lange draußen, nächtliche Unterhaltungen sind nicht beliebt, es ist, als ginge es nur noch darum, der dämonisch wirkenden nächtlichen Stille möglichst schnell zu entkommen.

Dir aber gefällt dieses nächtliche Gehen und Streunen, denn erst jetzt hast Du die Stadt ganz für Dich. Niemand steht Dir noch im Weg, niemand lenkt Dich ab, die tiefe Nacht ist die Zeit einer einsamen Führung, Venedig führt Dich jetzt selbst, es öffnet seine weiten *Campi* und lässt Dich Platz nehmen auf den Stufen seiner Zisternen, es dreht den großen nächtlichen Sternenhimmel über Dir wie zu einem sehr späten vollkommenen Panorama, es lockt Dich mit seinen letzten, süßen Aromen und lässt seine Farben verschwimmen hinter dem immer mehr vorherrschenden Blassgrau der Fassaden.
Die Gondeln und Boote erscheinen jetzt wie erstarrt, das Wasser wirkt flach und gesättigt, Du schleichst über die Brücken und kommst schnell voran, es schlägt drei oder vier, Du horchst, nichts, keine Stimmen mehr, nicht das geringste Geräusch … – und dann ist die pure Schönheit der Nacht plötzlich da, alles ruht in sich selbst, die Häuser und Kanäle rücken zusammen und gruppieren sich in der Stille zu sonst niemals gesehenen, einzigartigen Bildern aus Schwarz-Weiß und goldenem Braun, die Venedig so zeigen, wie es sich selbst in Jahrhunderten zeugenlos, in all seiner Einsamkeit, sah.

Am Ende Deines Gangs kommst Du noch einmal nach *San Marco* zurück. Die Basilika hat sich auf orientalischen Teppichen schlafen gelegt, der *Cam-*

panile starrt zu den Sterngeistern hinauf, nur der große Platz mit der kleineren *Piazzetta* am Arm atmet noch schwach und flüstert verschworen … – und so nimmst Du seine Einladung an und bittest um den Abschiedstanz dieses langen Tages, langsam drehst Du Dich in der Leere des offenen, von stillen Feuern gekrönten Tanzsaals, die Arkaden zu allen Seiten rücken zusammen und bilden ein dichtes Spalier, dann tanzt Du und drehst Dich auf und davon, eine fremde Musik rauscht, und Du hältst jetzt die Schöne im Arm, die Schöne Deiner ersten venezianischen Nacht vor über dreißig Jahren im Frühling des Jahres 1971, jetzt erkennst Du auch die Musik, es ist der *Sacre du Printemps* von Igor Strawinsky, es ist die Nacht des Tages, an dem man Igor Strawinsky in Venedig begrub …

Hanns-Josef Ortheil

Nichtstun

Du fragst mich, was ich so den ganzen Tag tue. Nichts. Davon bin ich von früh bis spät vollauf in Anspruch genommen. Es bleibt mir kaum Zeit, etwas anderes zu tun. Ich lebe, das ist alles.
Meine Uhr ist stehengeblieben. Es muß wohl Sand ins Werk gekommen sein. Aber ich brauche sie hier nicht. Ohne Uhr hat man immer Zeit. Denn die Zeit richtet sich nicht nach der Uhr. Manchmal eilt sie, manchmal verweilt sie. Sie ist aus ähnlichem Stoff gemacht wie der Wind. Was ist die Zeit? Ihre Dauer richtet sich nach unserer Liebe.
Bei schönem Wetter bin ich den ganzen Tag am Strand, in den Dünen, im Wasser, im Wind unter Gottes freiem Himmel, bei den Elementen also, aus denen er Dich und mich und die übrigen Menschen geschaffen hat. Denn wenn irgendwo, dann hat er es hier vollbracht. Hier fand er alles, was er dazu bedurfte: Sand und Lehm für die Gestalt, Wind genug für den Atem, die Sprache und die Seele, Feuchte genug für Tränen, Bläue genug für die Augen, Steine für das Herz in der Brust. Die Hügel und die Hänge der Dünen enthalten Formen für Millionen von Geschöpfen. Und das Meer ist voller Gedanken, dunkler und heller, voll Unruhe und unergründlicher Trauer. Ich möchte dabei sein, wenn Du zum ersten-

mal das Meer siehst. Ich kenne es schon lange. Ehe Du auf der Welt warst, kannte ich es schon. Wo warst Du damals?
Wenn ich allein am Strand bin – ich bin ja nicht allein, denn ich lebe, als wäre ich zu zweit –, dann ist die weite Welt ganz nahe. Es ist alles da. [...]

Ernst Penzoldt

*O*pernbesuch

Die Menge wartete, zwischen Geländern eingeschlossen, vor der Gebäudemauer. An den nächsten Straßenecken stand auf riesigen Plakaten in verschnörkelten Buchstaben: Lucia di Lammermoor … Lagardy … Oper … und so weiter. […]

In der Vorhalle bekam Emma Herzklopfen. Sie lächelte unwillkürlich vor Eitelkeit, als sie die Menge sah, die rechts durch den anderen Gang hereindrängte, während sie selbst die Treppe zum ersten Rang emporstieg. Es bereitete ihr ein kindliches Vergnügen, die breiten Polstertüren mit dem Finger aufzustoßen; sie atmete in vollen Zügen den Staubgeruch der Gänge ein, und als sie sich in ihrer Loge hingesetzt hatte, straffte sie den Körper mit der Ungeniertheit einer Herzogin.

Der Saal begann sich zu füllen, die Operngläser wurden aus den Etuis genommen, und die Abonnenten, die sich von weitem entdeckten, winkten einander zu. Sie kamen, um sich bei den Künsten von den Sorgen um den Verkauf zu erholen; doch *die Geschäfte* keineswegs außer acht lassend, redeten sie auch hier über Baumwolle, Branntwein und Indigo. Man sah die ausdruckslosen, friedlichen Gesichter von alten Männern, die mit ihrem weißen Haar und weißem Teint an von Bleidämpfen trübe

Silbermünzen gemahnten. Die jungen Stutzer stolzierten im Parkett umher, stellten im Westenausschnitt ihre rosaroten oder apfelgrünen Krawatten zur Schau, und Madame Bovary beobachtete von oben bewundernd, wie sie die Handfläche im gelben Handschuh auf Spazierstöcke mit goldenem Knauf stützten.

Unterdessen waren im Orchester die Kerzen angezündet worden, der Kronleuchter wurde von der Decke herabgelassen und goß mit dem Funkeln seiner Faszetten eine plötzliche Heiterkeit über dem Saal aus. Dann kamen die Musiker einer nach dem anderen herein, und es erhob sich zunächst eine Katzenmusik von schnarrenden Baßgeigen, quietschenden Violinen, tutenden Pistons, piependen Flöten und Flageoletts. Doch dann vernahm man auf der Bühne ein dreimaliges Klopfzeichen; ein Paukenwirbel setzte ein, die Blechinstrumente bliesen Akkorde, und der Vorhang ging über einer Landschaft auf.

Sie stellte einen Scheideweg in einem Walde dar, zur Linken war eine Quelle im Schatten einer Eiche zu sehen. Bauern und Gutsherren, den Plaid über die Schulter geworfen, sangen im Chor ein Jagdlied; dann trat ein Hauptmann auf, der mit zum Himmel gereckten Armen den Engel des Bösen anrief; ein weiterer erschien; dann gingen beide ab, und die Jäger sangen von neuem.

Emma fand sich in ihre Jugendlektüren, mitten in die Welt Walter Scotts zurückversetzt. Ihr war, als hörte sie den Klang der schottischen Dudelsäcke, die einander im nebligen Heideland Antwort gaben. Die Erinnerung an den Roman erleichterte zudem das Verständnis des Textbuchs, sie folgte der Handlung Satz für Satz, während ungreifbare Gedanken in ihr wach wurden und unter dem Ansturm der Musik sich sofort wieder auflösten. Sie überließ sich dem Wiegen der Melodien, und als strichen die Bögen der Violinen über ihre Nerven, fühlte sie ihr ganzes Wesen mitschwingen. Sie hatte nicht Augen genug, um die Kostüme, die Dekorationen, die Personen zu betrachten, die gemalten Bäume, die zitterten, wenn einer vorbeiging, die Samtbarette, die Mäntel, die Degen, all diese Traumgebilde, die sich wie in der Luft einer anderen Welt harmonisch bewegten. Doch da trat eine junge Frau nach vorne und warf einem grüngekleideten Knappen eine Börse zu. Sie blieb allein auf der Bühne zurück, und nun vernahm man eine Flöte, die wie Quellmurmeln oder Vogelgezwitscher klang. Lucia begann mit ernstem Ausdruck ihre Kavatine in G-Dur; sie erging sich in Liebesklagen, sie wünschte sich Flügel. Und gleich ihr hätte Emma aus dem Leben fliehen, in eine Umarmung fliegen wollen. Plötzlich erschien Lagardy als Edgar.

Er war von jener schimmernden Blässe, die den feurigen Südländern etwas von der Majestät der Marmorstatuen verleiht. Seine kraftvolle Gestalt steckte in einem Wams von brauner Farbe; ein kurzer ziselierter Dolch schlug ihm an den linken Oberschenkel; er rollte die Augen schmachtend und zeigte seine weißen Zähne. Es hieß, eine polnische Prinzessin hätte ihn am Strand von Biarritz, wo er Schaluppen ausbesserte, singen hören und sich in ihn verliebt. Sie hätte sich seinetwegen zugrunde gerichtet. Er hätte sie anderer Frauen wegen verlassen, und dieser sentimentale Ruhm hätte seinem künstlerischen Ruf nur genützt. Der gerissene Komödiant achte sogar darauf, in die Voranzeigen immer eine poetische Floskel über die Faszination seiner Person und die Empfindsamkeit seiner Seele einfließen zu lassen. Ein schönes Organ, eine unerschütterliche Dreistigkeit, mehr Temperament als Intelligenz und mehr Pathos als Gefühl vollendeten die Wirkung dieser bewundernswerten Scharlatannatur, die etwas vom Friseur und vom Stierkämpfer hatte.

Von seiner ersten Szene an begeisterte er. Er schloß Lucia in seine Arme, er verließ sie, kehrte zurück, schien verzweifelt; er hatte Wutausbrüche, dann wieder klagendes Seufzen von unendlicher Süße; aus seiner bloßen Kehle stiegen Töne voller Schluchzen und Küsse. Emma beugte sich vor, um ihn besser zu sehen und bohrte ihre Nägel in den Samt ihrer Loge.

Sie füllte ihr Herz mit den melodischen Klagen, die, von den Baßgeigen begleitet, wie die Schreie Schiffbrüchiger im Getöse eines Sturms dahinzogen. In ihnen erkannte sie alle Trunkenheiten und alle Ängste wieder, an denen sie fast gestorben war. Die Stimme der Sängerin schien ihr nichts anderes zu sein als das Echo ihres eigenen Bewußtseins und das Bühnengeschehen, das sie bezauberte, Teil ihres eigenen Lebens. Doch niemand auf der Welt hatte sie mit solcher Liebe geliebt. Er hatte nicht wie Edgar geweint am letzten Abend, als sie im Mondschein einander: ›Auf morgen, auf morgen! …‹ sagten. Der Saal krachte unter dem Beifall; die ganze Stretta wurde wiederholt, die Liebenden sangen von den Blumen auf ihren Gräbern, von Schwüren, Verbannung, Schicksal, Hoffnungen, und als sie einander das letzte Lebewohl zuriefen, stieß Emma einen Schrei aus, der sich mit den Schwingungen der letzten Akkorde vermischte.

»Warum«, fragte Bovary, »verfolgt dieser Edelmann sie ständig?«

»Aber nein«, entgegnete Emma, »er ist doch ihr Geliebter.«

»Er schwört aber doch, daß er sich an ihrer Familie rächen wird, wohingegen der andere, der vorher dazugekommen war, gesagt hat: ›Ich liebe Lucia und glaube mich von ihr geliebt.‹ Außerdem ist er mit ihrem Vater Arm in Arm abgegangen. Denn das war doch ihr Vater, nicht wahr, der kleine Häßliche mit der Hahnenfeder am Hut?«

Trotz Emmas Erklärungen glaubte Charles, nachdem Gilbert im Rezitativ-Duett seinem Gebieter Lord Ashton seine abscheulichen Ränke enthüllt hatte, beim Anblick des falschen Verlobungsrings, der Lucia täuschen soll, dies sei ein von Edgar gesandtes Liebespfand. Er gab übrigens zu, die Handlung nicht zu verstehen – wegen der Musik, die den Worten sehr schade.

»Was macht das schon!« sagte Emma, »sei still!«

»Ich möchte eben, wie du weißt, immer gern im Bilde sein«, meinte er und beugte sich über ihre Schulter.

»Sei still! sei still!« sagte sie ungeduldig.

Lucia trat auf, von ihren Frauen halb gestützt, einen Orangenblütenkranz im Haar und bleicher als die weiße Seide ihres Kleides. Emma dachte an ihren Hochzeitstag und sah sich wieder von Kornfeldern umgeben auf dem schmalen Pfad, als man zur Kirche schritt. Warum hatte sie sich nicht widersetzt, nicht gefleht wie diese hier? Sie war vielmehr heiter gewesen, hatte den Abgrund nicht gewahrt, in den sie sich stürzte … Ach, wenn sie noch unbefleckt von der Ehe, vom Ehebruch noch unenttäuscht, in der Frische ihrer Schönheit ihr Leben auf ein zuverlässiges großes Herz hätte bauen können, wenn Tugend, Zärtlichkeit, Sinnenlust und Pflicht ineinander übergegangen wären, sie wäre nie von der Höhe solcher Glückseligkeit hinabgeglitten. Doch jenes Glück war zweifellos eine Lüge, ausgedacht zur Verzweiflung jeglicher Sehnsucht. Sie kannte nun die Beschränktheit der von der Kunst aufgebauschten Leidenschaften. Deshalb bemühte sie sich, ihre Gedanken davon abzulenken und wollte in dieser Darstellung ihrer eigenen Leiden nichts als ein plastisches Phantasiegebilde sehen, gerade gut genug, um die Augen zu täuschen, und sie lächelte sogar innerlich vor geringschätzigem Mitleid, als im Hintergrund der Bühne unter der Samtportiere ein Mann in schwarzem Mantel erschien.

Sein großer spanischer Hut fiel ihm bei einer Bewegung vom Kopf, und alsbald stimmten Instrumente und Sänger das Sextett an. Zornfunkelnd dominierte Edgar alle anderen mit seiner helleren Stimme; Ashton warf ihm in tiefen Tönen mörderische Herausforderungen entgegen; Lucia stieß ihre schrille Klage aus; Arthur modulierte abseits stehend in der mittleren Tonlage, und der Baßbariton des Geistlichen brummte wie eine Orgel, während die seine Worte aufnehmenden Frauenstimmen sie im Chor lieblich wiederholten. Sie standen alle in einer Reihe da und gestikulierten, und Zorn, Rachlust, Eifersucht, Schrecken, Erbarmen und Staunen entströmten gleichzeitig ihren offenen Mündern. Der gekränkte Liebhaber schwang sein blankes

Schwert: den Bewegungen seiner Brust folgend, hob sich sein Spitzenkragen ruckartig; er ging mit großen Schritten hin und her und ließ auf den Bühnenbrettern die rotgoldenen Sporen seiner sich über den Knöcheln verbreiternden weichen Stiefel klirren. Er muß eine unversiegbare Liebesfähigkeit haben, dachte Emma, da er sie in solchen Strömen über die Menge ergießen kann. Alle ihre kritischen Anwandlungen verflogen unter der Poesie seiner Rolle, die sie eroberte. Durch die dargestellte Figur vom Mann auf der Bühne angezogen, versuchte sie sich sein Leben vorzustellen, dieses geräuschvolle, außergewöhnliche, glänzende Leben, das sie hätte führen können, hätte der Zufall es gewollt. Sie hätten sich kennengelernt, hätten sich geliebt! Mit ihm wäre sie durch alle Königreiche Europas von Hauptstadt zu Hauptstadt gereist, hätte Strapazen und Stolz mit ihm geteilt, die Blumen aufgehoben, die man ihm zuwarf, seine Kostüme selbst bestickt, und Abend für Abend hätte sie in den Tiefen einer Loge hinter vergoldetem Gitter glückselig die Mitteilungen dieser Seele empfangen, die nur für sie allein sang; von der Bühne aus hätte er sie singend angeblickt. Aber ein Rausch erfaßte sie: er sah sie ja an, ganz gewiß! Sie wünschte sich in seine Arme zu stürzen, sich in seiner Kraft wie in der Verkörperung der Liebe selbst zu bergen und ihm zu sagen, ihm zuzuschreien: »Nimm mich mit, nimm mich mit, laß

uns fliehen! Dir, dir gehört alle meine Glut, dir gehören alle meine Träume!«
Der Vorhang fiel.

Gustave Flaubert

*P*utzen

Ich putze, wann ich will Ich habe angefangen, dem Putzen einen neuen Stellenwert zu geben. Wie ein Lied, das zum Ohrwurm wurde, begleitet es meinen Alltag. Dabei habe ich ein eher laxes Verhältnis zum Putzen: Ich putze eigentlich nur dann, wenn mir danach ist oder wenn sich Gäste ankündigen. Das wöchentliche Ritual habe ich aufgegeben.

Putzen kann anregender sein als ein Tag bei der Arbeit, wo wir viel zu lange, viel zu starr vor den Bildschirmen sitzen. Während wir in den mechanischen Bewegungen des Putzens versinken, können die Gedanken frei umherschweifen. Auch einem Genie kommen die glänzendsten Einfälle oft bei der banalsten Tätigkeit. In ihrem Kultbuch *Zeit. Wie man ein verlorenes Gut zurückgewinnt* von 1999 spricht Bodil Jönsson von »Rüstzeit« und meint damit den mentalen Zustand, in dem wir uns befinden, während wir es vermeiden, bevorstehende Aufgaben anzugehen. Immer, wenn wir besser am Computer sitzen sollten, um uns anspruchsvollen oder langweiligen Aufgaben zu widmen, werden wir von einem unwiderstehlichen Putzdrang erfasst. Wir müssen den Schreibtisch verlassen und nachsehen, ob unter dem Bett Staub liegt oder der Tiefkühlschrank vereist ist. Und wenn wir auf die Toilette gehen, führt das unweigerlich dazu, dass sich das Putzbedürfnis auch auf diesen Ort ausweitet. Es reicht nicht, den Schmutz zu erkennen, nein, er muss auch entfernt werden, auf der Stelle, nicht erst morgen. Genau jetzt, wo wir unser Gehirn eigentlich auf unsere Arbeit am Computer einstellen sollten, um uns auf eine Reise ins Innere unserer Köpfe zu begeben.

Das Wunderbare an der Rüstzeit, den spontanen Putzphasen, ist laut Jönsson, dass sie in Wirklichkeit äußerst sinnvoll sind, auch in beruflicher Hinsicht, und hier findet sich ein Zusammenhang zu den Gedanken Sarah Pinks: Indem wir mit unseren Körpern eine mechanische Arbeit ausführen, bringen wir die Denktätigkeit in Gang. Wir setzen unsere Konzentration auf Start, um nach einer Weile abzuheben. Auf dieser Startbahn, etwa während wir den Gefrierschrank abtauen, können die Gedanken frei umherwirbeln, in einer unkontrollierten Kreativität, die uns Energie gibt, sodass die Denkarbeit am Computer, das, was wir aufgeschoben haben, am Ende wie ein lustvolles Erwachsenenspiel erscheint.

Es ist wunderbar, wenn es renommierten Wissenschaftlern gelingt, uns davon zu überzeugen, dass das scheinbar Sinnlose und Alltägliche äußerst vernünftig und sogar kreativ sein kann.

Was passiert in unserem Körper, während wir durch unsere Wohnung, unser Haus oder unser Büro wirbeln, wo wir im Chaos zu versinken drohen? Laut Sarah Pink geht es nicht allein darum, dass die Muskelbewegungen unserer Körper den Rhythmus unserer unbewussten Gefühle aufnehmen. Alle Sinne sind wach, weil die Arbeit zu einem sauberen Ergebnis führen soll. Wir werden zu Jägern. Unser Blick wird geschärft, um Staub und Flecken zu erkennen. Wir hören und spüren, wie es unter unseren Händen und Füßen knirscht und klebt. Jetzt entscheiden wir schnell, welcher Putzmittel und Geräte es bedarf, um die Beute zu erlegen. Im Kühlschrank müffelt es, und der Käse schmeckt nach dem falschen Schimmel; der Geruch warnt uns vor Gesundheitsrisiken. Manchmal ist der ganze Körper gefordert, wenn er verschiedenen Paar Schuhen, unsortierten Zeitungsstapeln und Spielsachen ausweichen oder sie zur Seite räumen muss, ehe er den Schmutz wegwischen kann, der sich unter und hinter all den bunt gemischten Dingen versteckt. Die Sinne registrieren alles, von Ekel bis Genuss, während man sich bis ans Ziel vorarbeitet. Die Sinne sind das edelste Arbeitswerkzeug, sie führen voran, ständig voran.

Maria Antas

Regen

Sonntag:

10.00
Regen wie Spinnweben über dem Gelände.
10.40
Regen als Perlen an der Scheibe.
11.30
Regen als Stille; kein Vogel zwitschert, im Dorf kläfft kein Hund, die lautlosen Hüpfer in jedem Tümpel, die langsam gleitenden Tropfen an den Drähten.
11.50
kein Regen.
13.00
Regen, der nicht zu sehen ist, man spürt ihn bloß auf der Haut, wenn man die Hand aus dem Fenster streckt.
15.10
Regen als Zischen im Laub der Kastanie.
15.20
Regen wie Spinnweben.
16.00
kein Regen, nur das Efeu tropft.
17.30
Regen mit Wind, der gegen die Fensterscheiben klatscht, draußen Spritzer auf dem Granit-Tisch, der

schwärzlich geworden ist, die Spritzer wie weiße Narzissen.
18.00
wieder das Gurgeln ums Haus.
19.30
kein Regen, aber Nebel.
23.00
Regen als Glitzern im Schein der Taschenlampe. Wenigstens schneit es nicht.

Max Frisch

*R*eisen

In den Ferien wimmelt die Welt von Leuten, die von einem Schauspiel zum andern rennen und offenbar das Bestreben haben, in möglichst kurzer Zeit möglichst viel zu sehen. Wenn ihr Ziel darin besteht, sich mit Gesprächsstoff zu versorgen, ist die Sache in Ordnung; denn es ist besser, wenn man gleich ein paar Namen parat hat; das vertreibt die Zeit. Wenn sie es aber um ihrer selbst willen tun und um wirklich etwas zu sehen, dann verstehe ich sie nicht. Dinge, die man nur flüchtig und im Vorbeigehen sieht, sehen alle gleich aus. Ein Wasserfall ist wie der andere. So daß der, welcher die Welt geschwind durcheilt, schließlich nicht reicher an Erinnerungen ist als vorher.

Der wirkliche Reichtum eines Schauspiels liegt in seinen Details. Sehen heißt Details studieren, bei jedem einen Augenblick verweilen und dann von neuem mit einem Blick das Ganze erfassen. Ich weiß nicht, ob andere darin so schnell sind, daß sie gleich anschließend woanders hingehen und das Spiel von vorn beginnen können. Ich kann es nicht. Glücklich die Bewohner von Rouen, die Tag für Tag, wie einem Bild, das sie zu Hause hängen haben, ihrer Kathedrale einen Blick schenken können. Besucht man dagegen ein Museum oder ein Land nur ein einziges

Mal, geraten die Erinnerungen unvermeidlich durcheinander und ergeben schließlich ein Bild, in dem alles unscharf und grau ist.
Für meinen Geschmack besteht Reisen darin, alle zwei Meter stehenzubleiben und dieselben Dinge unter einem neuen Gesichtswinkel zu betrachten. Manchmal genügt es schon, daß ich mich ein wenig nach links oder rechts setze, um alles mehr zu verwandeln, als wenn ich hundert Kilometer hinter mich brächte.
Wenn ich von Wasserfall zu Wasserfall eile, finde ich immer wieder denselben Wasserfall. Wenn ich ihn aber Felsblock für Felsblock abschreite, wird derselbe Wasserfall mit jedem Schritt anders. Und in Wirklichkeit ergreift mich eine Sache, die ich schon einmal gesehen habe und nun wiedersehe, weit mehr, als wenn sie neu wäre; sie ist nämlich neu. Man muß sich, damit die Gewohnheit den Blick nicht abstumpft, nur ein einigermaßen abwechslungsreiches Schauspiel geben. Dabei ist noch zu bemerken, daß im selben Maß, als man sehen lernt, schlechthin jedes Schauspiel von unerschöpflichem Reichtum ist. Im übrigen läßt sich von überall der gestirnte Himmel betrachten; auch das ist ein schöner Abgrund.

Alain

Schlittschuhlaufen

Und dann kam diese großartige neue Sache: Schlittschuhlaufen.
Frau Zwiebel, die mit Vornamen Adriana hieß, war einst in der Schlittschuhwelt ein »vielversprechendes Talent« gewesen. Mit fünfzehn hatte sie in Bern einen Wettkampf gewonnen. Sie erzählte Gustav, dies sei einer der glücklichsten Momente ihres Lebens gewesen. Sie hatte geglaubt, dass es so weitergehen, dass sie weitere Preise gewinnen werde, aber mit sechzehn kam sie in »eine andere Kategorie«, und die Mädchen, mit denen sie da konkurrierte, waren das, was sie »Vollprofis« nannte, »mit Dragonern als Müttern und Stahl anstelle von Sehnen«. Also gab es keine Preise mehr, aber das Schlittschuhlaufen liebte sie immer noch, einfach um seiner selbst willen, und als sie von der neuen Eisbahn erfuhr, die in Matzlingen eröffnet worden war – eine überdachte Bahn mit glattem Kunsteis, einem gewaltigen Grammophon, das Schweizer Volksmusik und amerikanischen Jazz spielte, und einer Theke, an der man Getränke und Brezeln kaufen konnte –, sagte sie zu Anton: »Komm, lass uns immer am Sonntagnachmittag hingehen. Wir nehmen Gustav mit. Ich bezahle für uns alle.«
Adriana Zwiebel fuhr einen herrlichen Stil. Und sie

sammelte immer noch Schwung genug für einen perfekten Lutz mit einer graziösen Landung. Zum Laufen trug sie wollene Leggings, einen kurzen Schottenrock und eine grüne Lederjacke. Die Männer auf der Eisbahn folgten ihr mit den Augen, wenn sie ihre eleganten Kreise drehte, die Arme wie eine Tänzerin ausgestreckt und die dunklen Haare zu einem Pferdeschwanz gebunden, der bei jeder Bewegung hin und her flog.
Auch der siebenjährige Anton und der siebenjährige Gustav sahen ihr zu, nicht so sehr weil Adriana schön anzuschauen war, sondern weil beide wussten, dass sie von ihr lernen konnten. Anton lief von Natur aus gut Schlittschuh, Gustav jedoch nicht, aber er machte es sich zur Aufgabe, alles zu meistern, was Anton konnte, und mit der Zeit auch alles, was Adriana konnte – mochte das Ziel auch in weiter Ferne liegen. Er stürzte häufig, aber er weinte nie, obwohl das Eis hart war, die härteste Oberfläche, mit der seine Knochen jemals in Berührung gekommen waren. Er übte sich darin, stattdessen zu lachen. Lachen war eigentlich ein bisschen wie Weinen. Es war eine seltsame Erschütterung; nur kam sie aus einer anderen Ecke des Gehirns. Der Trick bestand darin, das Weinen aus dieser Ecke zu vertreiben und das Lachen hineinzulassen. Also rappelte er sich wieder hoch, machte weiter und lachte.
Am Ende des Nachmittags liefen Anton und er im-

mer eine letzte Runde, die sie ihren »verrückten Sturm« nannten. Sie hielten sich an den Händen und liefen synchron so schnell sie konnten am äußeren Rand der Eisbahn entlang. Beim Stammpublikum waren sie bald als »die lachenden Buben« bekannt.

Rose Tremain

Schnee

Pallieter blickte jeden Augenblick zum Himmel auf, um da Wolken zu entdecken, die Schnee streuen sollten. Schnee, weißen, reinen Schnee, der uns das kahle Antlitz des Winters freundlicher erscheinen läßt, der alles weiß macht und die ganze schwarze Erde verjüngt.

Nein, er kam nicht, der Schnee. Ganze Tage lang zogen dünne Wolken über den Himmel, vorwärts gepeitscht vom scharfen Nordwind, der die schnelle Nethe, die überschwemmten Wiesen und Gräben hatte zufrieren lassen mit fünf Finger dickem Eis. Das war eine Lust! Ein Fest für Pallieter und Mariechen, dies glänzende, glatte Eis, auf dem sie sich stundenweit wiegten und streckten, sich frei fühlend wie die Vögel.

Jeden Morgen waren die Fenster mit seltsamen Eisblumen übersponnen, aber der Kern des Winters, der Schnee, der gute, friedliche Schnee, der saß irgendwo am Nordpol und regte sich nicht.

Pallieter lechzte danach, wie ein Kranker nach mildem Wetter. Er sagte: »Ein Winter ohne Schnee is wie ein Sommer ohne Sonne…«

Aber in der Nacht vor Weihnachten war Schnee gefallen, leise und ungesehen in dicken, fetten Flocken, anhaltend und in Massen, bis es Morgen wurde…

Pallieter, der noch nichts davon wußte, war zuerst wach geworden. Sein erster Gedanke war, Mariechen, die schön und ruhig in seinem Arm schlief, wachzuküssen, aber etwas Weißes traf plötzlich seine Augen; er sah nach dem offenen Fenster, und siehe da, der Nußbaumzweig, der sich immer so schwarz gegen den Himmel abzeichnete, war glitzernd weiß von Schnee. Pallieter stieß einen Schrei aus. Er hockte sich auf. Die ganze Welt war beschneit. Gott, o Gott! Voller Begeisterung sprang Pallieter über Mariechen hinweg aus dem Bett und lief ans Fenster. Eine angenehme Kälte schlug ihm ins Gesicht. Er konnte nichts sagen vor Rührung und Glück. Schnee, Schnee, überall dicker, weißer Schnee! Die Fernen, die Felder, die Hecken, die Wasserläufe, die Bäume, Gehöfte, Wege und Straßen, alles weiß und blank, eben vom Himmel gefallen, in all der Frische und Jugend eines Kindes! Und die Weiße brachte alle Geräusche zum Schweigen und legte eine Kirchenstille über die ganze Welt.

Pallieter hatte die Herrlichkeit mit einem Blick umfaßt, sein Herz sprang in die Höhe, jauchzend zog er die Hosen an, polterte die Treppe hinunter und rief: »Das Glück, das Glück!«

Er riß die Tür auf und wollte sich in den Schnee hineinwälzen, aber ach, der lag da so jungfräulich, als dürfe nicht einmal ein Spatzenfüßchen ihn berühren. »Einer muß doch der erste sein«, sagte er, schlug ein Kreuz und purzelte dann in den Schnee. Er wälzte sich hin und her, lief durch den weichen, kalten Teppich, schlug und stampfte drin herum wie ein Schwimmer im Wasser.

Felix Timmermans

Schokopathie

Leiden Sie auch an dieser Leidenschaft? Sie ist unstillbar. Einmal Schokolade, immer Schokolade. Ein Wunder, dass die Krankheit noch keinen Namen hat, *Schokopathie* etwa, um die entsprechend teuren Mittel zur Heilung offeriert zu bekommen. So bleiben wir bei den bewährten Mitteln der Selbstmedikation. Unsere Apotheken sind *Chocolaterien* mit so wohlklingenden Namen wie *Bitter & Zart*. Da finden wir alles, was wir brauchen, Tafeln in allen nur denkbaren Mischungsverhältnissen: 30, 50, 70 Prozent Kakaoanteil, braun, dunkelbraun, schwarzbraun. Spätestens bei 100 Prozent zerschmilzt dann allerdings nichts mehr auf der Zunge, da kann eher von einer Staubimplosion die Rede sein.

Vielerlei Zutaten sind möglich: Nicht nur Rum, Trauben, Nüsse, die Klassiker. Sondern auch Vanille, Zimt, Pfeffer, Salz, Paprika, Ingwer, möglichst nicht alle zugleich. Unmöglich, davon jemals genug zu bekommen! Jetzt ist die richtige Zeit, die Grenzen neu zu testen. Schon wahr: Zu viel tut nicht gut. Zu wenig aber auch nicht. Was das richtige Maß wäre: Können wir das etwa im Voraus wissen? Das geht nicht ohne Experiment, und das heißt: Nicht ohne Irrtum. Aristoteles, der Denker des Maßes, hielt es einst für unvermeidlich (*Nikomachische Ethik*, Buch 2),

»gelegentlich nach der Seite des Zuviel, dann nach der des Zuwenig auszubiegen, denn so werden wir am leichtesten die Mitte und das Richtige treffen.« Kannte er schon die Schokolade? Da ist das *Zuwenig* nicht so sehr zu fürchten. Bleibt das *Zuviel*, und so kommt alles darauf an, ihm eine kultivierte Note zu geben. Denn auch ein scheinbar so einfacher Akt wie der Schokoladengenuss kann noch verfeinert werden, vor allem mithilfe theoretischer Kenntnisse: Woher kommen die Kakaobohnen, mit welchem Anteil an gesunden Gerbstoffen, wie werden sie verarbeitet, wie vermischt, mit welchem Fett, welchem Zucker? Überwältigend ist der Genuss, wenn die richtige Mischung der Ingredienzien langsam dahinschmilzt. Schade, wenn das ohne Vorspiel zu plötzlich geschieht. Zauberhaft ist die Verzögerung, misslich wiederum, wenn gar nichts schmilzt, wenn stattdessen der Gaumen klebt.
Ja, manches erinnert an ein Liebesspiel. Die *Schokopathie* ist eben, wie die Liebe, das Erleiden einer Leidenschaft. Lohnt sich etwa ein Leben ohne Leidenschaft? Zur Fülle des Lebens trägt die Schokolade in jeder Hinsicht bei. Die Dosierung mag wichtig sein. Nur homöopathisch muss sie nicht ausfallen.

Wilhelm Schmid

Der geglückte *T*ag

Wer hat schon einen geglückten Tag erlebt? Sagen werden das zunächst von sich wahrscheinlich die meisten. Und es wird dann nötig sein, weiterzufragen. Meinst du »geglückt« oder bloß »schön«? Sprichst du von einem »geglückten« Tag oder einem – es ist wahr, ebenso seltenen – »sorglosen«? Ist für dich ein geglückter Tag allein schon, der ohne Problem verlief? Siehst du einen Unterschied zwischen einem glücklichen Tag und dem geglückten? Ist es für dich etwas anderes, mit Hilfe der Erinnerung von diesem und jenem geglückten Tag zu reden, oder gleich jetzt, unmittelbar danach, ohne eine Verwandlung durch die Zwischenzeit, am Abend ebendesselben Tags, als dessen Beiwort dann auch nicht ein »geschafft« oder »überstanden« stehen kann, sondern einzig »geglückt«? Ist dir der geglückte Tag also grundverschieden von einem unbeschwerten, einem Glückstag, einem ausgefüllten, einem Aktivtag, einem durchstandenen, einem von der Langvergangenheit verklärten – ein Einzelnes genügt da, und ein ganzer Tag schwebt auf in Glorie –, auch gleichwelchem Großen Tag für die Wissenschaft, dein Vaterland, unser Volk, die Völker der Erde, die Menschheit? (Im übrigen: Schau – blick auf –, der Umriß des Vogels dort oben im Baum; wozu das griechische Verb für »lesen« in den Briefen des Paulus, buchstäblich übersetzt, ein »Auf-Blicken« wäre, geradezu ein »*Hinauf*-Wahrnehmen«, ein »*Hinauf*-Erkennen«, ein Wort ohne besondere Befehlsform schon als eine Aufforderung oder ein Aufruf; und dazu noch jene Kolibris in den südamerikanischen Dschungeln, die beim Verlassen ihres Schutzbaums, um die Raubgeier zu täuschen, das Geschaukel eines fallenden Blatts nachmachen …) – Ja, der geglückte Tag ist für mich nicht wie all die anderen; er *heißt* mir mehr. Der geglückte Tag ist mehr. Er ist mehr als eine »geglückte Bemerkung«, mehr als ein »geglückter Schachzug« (sogar ein geglücktes vollständiges Spiel), als eine »geglückte Erstbesteigung im Winter«, etwas anderes als eine »geglückte Flucht«, eine »geglückte Operation«, eine »geglückte Beziehung«, gleichwelche »geglückte Sache«, ist auch unabhängig vom geglückten Pinselstrich oder Satz, und hat nicht einmal etwas zu schaffen mit jenem »nach lebenslangem Warten in einer einzigen Stunde geglückten Gedicht«! Der geglückte Tag ist unvergleichlich. Er ist einzigartig.

Peter Handke

*T*eezeremonie

Ich trinke meinen Tee ohne Zucker. Das ist an sich keine weltbewegende Mitteilung, doch sie zeigt an, daß mein Verhältnis zum Tee keinerlei Einmischung verträgt. Ich bin alt genug, den Krieg (und damit ist dann in meinem Alter immer noch der Zweite Weltkrieg gemeint) miterlebt zu haben, eine Zeit, in der Tabak, Tee, Kaffee, Zucker immer knapper wurden, bis der Augenblick kam, in dem es sie einfach nicht mehr gab und die erbärmlichsten Ersatzprodukte auf den Markt kamen, die einem nur wieder einmal bestätigten, daß sich das Echte nie und nimmer ersetzen läßt. Tee ließ sich nur mit Tee vergleichen, allein schon dadurch bekam das Wort den Rang einer platonischen Idee: Irgendwo auf der Welt mußte es das noch geben, Tee, unerreichbar, eine Abstraktion, von der die Erwachsenen stundenlang sprechen konnten, etwas, das es einmal gegeben hatte und das irgendwann, irgendwann, wenn dieser verheerende Krieg endlich vorbei war, vielleicht wiederkehren würde aus märchenhaften Regionen mit Namen wie Assam, Darjeeling oder Ceylon – das Unvorstellbare. […]

Nun gibt es Tee und Tee und Tee. Zugegeben, ich liebe es, dieses Wort auszusprechen, es hat einen eigentümlichen Reiz, dem ich mich schwerlich entziehen kann, wiewohl ich weiß, daß Aufguß vielleicht das treffendere Wort wäre, weil der merkwürdige Pflanzenextrakt, der hunderterlei Gestalt angenommen hat, die wir alle mit diesen drei oder vier Buchstaben – *cha*, *tea*, *thee*, *thé*, Tee – benennen wollen, sich diesen Benennungen hartnäckig entzieht, da jeder, der das kurze Wort ausspricht, so gut wie immer etwas anderes damit meint. Ich habe in meinem Leben zu Getränken Tee gesagt, die grundverschieden waren und nur eines miteinander gemein hatten, nämlich, daß kochendes Wasser mit im Spiel gewesen war, daß es den Blättern – frisch gepflückten oder getrockneten oder leicht gerösteten von jeweils unterschiedlichen Pflanzen – die Essenz entzogen hatte und daß diese Erfahrung sich jedesmal in einer unvergeßlichen Erinnerung niedergeschlagen hat.

Das erste Mal geschah dies in England, wo die Königin sich, wie jeder weiß, jeden Tag in Tee aus den entlegensten Regionen des früheren Imperiums, verdünnt mit ein wenig Eselsmilch, badet. So sah der erste Tee, den ich im Vereinigten Königreich trank, nicht aus. Ich war mit der Fähre in einer düsteren Winternacht mit Nebel und feuchter Kälte aus Hoek van Holland gekommen. Gut vierzig Jahre ist das nun her. Inseln muß man sich mit dem Schiff nähern, auf jeden Fall beim ersten Mal, und dieser Nebel war ein Muß, das hatte ich in allen Büchern gelesen. Ich war jung, vielleicht noch nicht einmal zwanzig, und England war ein Abenteuer, schon lange vor unserer Ankunft stand ich an Deck. Nebelhörner, orangefarbene Lichter, Nebelfetzen machten alles noch geheimnisvoller. Harwich, der Zug ganz in der Nähe des Schiffs, sechs Uhr morgens, ein Bahnsteig mit verfrorenen Menschen, eine Bude, eine Luke, ein Stand, an dem man eine Tasse Tee bekommen konnte. In meiner Erinnerung war es eine große weiße Tonschale und darin eine Flüssigkeit, die noch am ehesten wie Totenwasser aus dem Lethe aussah. Mit dem Tee, den ich bis dahin in meinem Leben getrunken hatte, konnte dies nichts zu tun haben. Ich sah, daß andere Milch hineintaten, doch das wollte ich nicht. Dies war ein Kelch, der bis zur Neige geleert werden mußte, sonst hätte man genausogut daheim bleiben können. Bitter war er, etwas, von dem ich heute weiß, daß es Gerbsäure ist, blieb an meinen Zähnen haften, meine Geschmackspapillen speicherten die Erfahrung und sollten sie für alle Zeiten mit dem vergleichen, was in anderen Ländern als »englischer« Tee präsentiert wird, und nie sollte dieser Ähnlichkeit damit haben. Nie mehr wird Tee so schmecken wie auf jenem feuchtkalten, nebligen Bahnsteig, nie mehr wird er so schwarz sein, nie mehr werde ich so gestärkt und gewappnet inmitten der Gerüche von *kippers* und *bacon* eine neblige, halb verborgene Stadt hinter den Fensterscheiben eines Dampfzugs auftauchen sehen. Manchmal, ganz selten, in einem Bed & Breakfast, ähnelt er ihm für einen Moment, doch diese eine, prägende Erfahrung bleibt das verschwundene bittere Glücksgefühl, nach dem ich für den Rest meines Lebens werde suchen müssen. [...]

Seitdem hat es Tee in Bandung und Hongkong gegeben, Tee im Londoner Ritz und Tee in der Pension Zur Ehrbaren Armut, Tee, frisch gepflückt, und Tee vom Graben nach Nirgendwo. Ein Tee jedoch war vor mir ausgewichen, Tee, von dem ich in den Büchern von Kawabata Yasunari und in dem berühmten Teebuch von Okakura Kakuzo gelesen hatte, der Tee, den der große Teemeister Rikiu bei seiner letzten Zeremonie trinken sollte. Noch nie hatte ich an einer Teezeremonie teilgenommen. Ich kannte die Namen des sakralen Geräts, das dafür nötig ist, ich kannte die Handlungen sowie die Namen der berühmten Teeschalen, ich wollte in meinem Buch *Rituale* darüber schreiben, aber selbst, nein, selbst hatte ich es noch nie erlebt. Zwei japanische Mädchen in Amsterdam boten Abhilfe. Sie sagten, sie könnten es nie so vollziehen wie ein echter Teemeister, doch sie wollten ihr Bestes tun, und das taten sie dann auch, wie nur Japaner es können: aus vollster Überzeugung. Wir knieten zu dritt auf den Knien in einem Amsterdamer Obergeschoßzimmer, und ohne die leiseste Ironie wurden alle vorgeschriebenen Handlungen verrichtet. Nun war es Tee von einem anderen Grün, der mir gereicht wurde, die Schale mußte erhoben werden, ich hatte alle Handlungen genauestens mitverfolgt, fühlte, wie ich mich in jemanden verwandelte, dessen Gebärden langsam geworden waren; die Zeremonie hatte uns in andere, bedächtigere Wesen transformiert, nichts Lächerliches haftete uns an, kurzzeitig saßen wir an jenem Nachmittag da und schwebten, etwas trennte uns von der übrigen Welt, das etwas mit der ätherischen, duftenden Flüssigkeit in dieser Schale zu tun haben mußte, die möglicherweise nicht einmal eine echte Teeschale war, etwas, das sich nicht benennen ließ und gerade deswegen unvergeßlich geblieben ist.

Cees Nooteboom

*U*rlaub im Schnee

Meine Frau, die immer gern in die Berge geht, hat mir zu Weihnachten ein Paar Ski geschenkt und mich dadurch zur Reise genötigt. Es war natürlich ein Danaergeschenk; denn meine naive Meinung, zum Skilaufen gehöre nichts als ein Paar solcher Hölzer, hat mich elend betrogen. Man braucht nicht nur die Bretter und das Billett nach Graubünden, sondern man braucht Skistiefel, Skihosen, Skimützen, Skibrillen, Ziegenhaarsocken und alles mögliche, was zusammen eine Menge Geld kostet, und da meine Frau das alles auch brauchte, hat sie mit ihrem Geschenk nicht übel abgeschnitten …

Darin haben die Wintersportler recht: das Hochgebirg ist im Winter beinahe schöner als im Sommer, und das Wetter ist viel beständiger.

Wir haben denn auch, als wir hierher kamen, nur zwei Tage an schrägen Halden geubt und uns an die Brettchen zu gewöhnen versucht, und sobald wir einen ordentlichen Hügel hinunter fahren konnten, ohne zu fallen, und sobald wir heraus hatten, wie man etwa in Notfällen bremsen kann, ließen wir den Sport liegen und gingen unserm eigentlichen Ziele nach. Auf unsrer ersten Tour kamen wir schon auf zweitausend Meter und waren sieben Stunden unterwegs, und seither freut uns die Sache, und wir suchen die Gegend nach erreichbaren schönen Höhen ab.

Dazu haben wir natürlich einen Führer mit und üben alle Vorsicht, und viele Touren können wir mit unserer Anfängerkunst eben noch nicht machen, aber wir haben doch schon eine Anzahl von schönen Wegen gemacht und Höhen erreicht, wohin man im Winter ohne Schneeschuhe nicht kommen kann. Und das lohnt sich. Auf einer hohen Alp neben den bis ans Dach eingeschneiten Hütten zu stehen, wo acht Monate des Jahres kein Mensch hinkommt und wo viele Stunden weit nur Schneewildnis und weiße Einsamkeit ist, das ist unglaublich schön. Und dann ist es auch für Nichtsportleute eine merkwürdige Lust, weite Wege bergab bei gutem Schnee in erstaunlich kurzen Zeiten hinunter zu pfeifen, über verwehte Bäche und gefrorene Sümpfe wegzugleiten wie über glatte Straßen und zwischen den Stämmen eines stillen, verschneiten Fichtenwaldes hin sich einen Weg zu suchen. Das Beste ist natürlich, wie bei allen Touren, das Erreichen eines schönen Zieles und die Rast. Wir haben in ganz eskimohaften Lagen unsre Suppe und unsern Tee gekocht, wobei ich es allerdings ohne die wunderbaren Ziegenhaarsocken nicht ausgehalten hätte.

Im Anfang ist es nicht ohne Mühen. Berganwärts über eisige Steinpfade außer dem Rucksack auch noch die zwei recht schweren Bretter auf dem Rükken mitzutragen und sie dann stundenlang an den Füßen zu haben, macht Beschwerde, bis man daran gewöhnt ist. Und wenn der Schnee zu weich oder zu eisig ist, macht das Ersteigen von steilen Hängen viel Arbeit. Im metertiefen Schnee hat man nach einem ungeschickten Fall oft fast eine Viertelstunde zu schaffen, bis man wieder sichtbar und aufrecht steht.

Es ist ein Föhn in der Luft, der noch nicht recht herauskommt, aber seit vorgestern in der Höhe herumdrückt und die sonderbarsten Spielereien treibt. Gestern vormittag habe ich auf einem Skiausflug dem eine Weile zugesehen und meine Freude daran gehabt wie ein Goldschmied an schönen Edelsteinen. Der Föhn ist doch das Schönste in den Bergen, wenn er auch Schnee und Wetter verdirbt! Ich bin viel unterwegs gewesen und habe viel Schönes und Tolles gesehen, aber die Lichter und Wolken von gestern haben mich überrascht, wie wenn ich zum erstenmal im Leben aus dem Hause und unter die Sehenswürdigkeiten der Natur käme.

Aus »Winterbrief«, 1911

Hermann Hesse

Vögel beobachten

Gerade die unscheinbarsten liebe ich, die nicht entrinnen können dem Schneemann, dem es selbst manchmal ungemütlich wird unter den Eiszapfen, die rücksichtslos von den kahlen Ästen herab zu tröpfeln beginnen auf seinen empfindlichen Kopf. Ich habe die einfachen Vögel in mein Herz geschlossen. Schon als Kind streute ich ihnen von meinem Brot auf den Wegen unseres Gartens. Ich besitze darum auch das volle Vertrauen der lieben, verängstigten Tiere, und es kommt nicht selten vor, es legt mir so ein graubraun' Spätzchen, bevor es zu frühstücken beginnt, ein schmuckes, winziges Herbstblatt oder eine letzte Koralle auf mein Fensterbrett. Denn schräg gegenüber steht ein wundervoller Ebereschenbaum. Ach … denke ich oft, besäße ich doch ein Fleckchen Erdreich – ich pflanzte mir darauf einen ganzen Wald von lauter Ebereschen. Sie tragen wie die Meerjungfrauen Korallen im grünen Haar. Manchmal nascht eine der jugendlichen Schwarzdrosseln schon im Vorsommer hinter dem Rücken der Eltern einen Tropfen rosigen Likörs aus der kaum aufgebühten Korallenblume. Nur eine einzige Schwarzdrossel zwischen den glühenden Dolden auf dem Zweig, zwischen den roten Beeren sitzen zu sehen, gehört zum Ausnahmeglück des Novembers.

Den kleinen Kelch mit dem delikaten Tropfen im Schnabel, fühlt sich der schwelgende Vogel und Zecher in seinem Element. Er schlürft den leckeren Brunnen der Beere bis zur Neige aus; zwar manchmal etwas zu durstig, als fehle ihm die Kinderstube, aber immerhin doch mit angeborener Grazie. Daß überhaupt jede Frucht einen Brunnen repräsentiert – diese Weisheit danke ich inbrünstig den Vögeln. Man kann in vieler Beziehung mannigfaltig von ihnen lernen. Namentlich von denen, die hier überwintern; praktisch sind sie geworden und bedeutend umsichtiger als die, die diese Welt Welt sein lassen, um sich vorübergehend in eine ewig-sommerliche zu placieren. Schon im Orientflug nach Afrika wächst der Reisegesellschaft das Mannah in den Schnabel. Nicht ganz ohne Erbitterung bekritteln in Zwitschertönen – in aller Herrgottsfrüh – die zurückgelassenen Vögel ihre von der Welt bevorzugten Brüder und beflügelten Schwestern, die ausgerückte Verwandtschaft. Denn die Nester, schon im Frühjahr gebaut, haben Schaden erlitten, Feuchtigkeit dringt durch die Böden und die Halme beginnen sich zu spalten. »Friert ihr auch nicht, meine Piepmätze?« fragt die Vogelmama ihr Zwillingspaar, das nicht rechtzeitig fliegen lernen wollte, hilflos nach Würmern bettelt. Sie hat sie beide vom ersten Tag an etwas zu sehr verwöhnt – ratlos nun, wo die zarten Braten hernehmen. Die Erde ist wie der

See und der Fluß zugefroren, die Kirschbäume ganz verschneit; kein süßer Kern weit und breit. »Da soll man nun den Schnabel halten!« Außerdem die drohenden herannahenden Schwarzwolken im Westen. Hoffnungslos trauert der Vogel dem Sommer nach im Kreise seiner Familie im Schnee. Nur der Spatz, der kecke, gewachsen den eisheiligen Monaten, abgehärtet und gewissermaßen Asket, überhüpft die kältesten Grade des Thermometers, wie dieser gleichgültig, aber auf höheren Befehl von der Temperatur selbst verschont, pflichtgetreu die wechselnden Witterungen zu buchen sich bemüht. Er hat Quecksilber im Leibe. Ihn ärgert es ja heute nicht mehr sehr, aber es empörte ihn damals sogar, kaum gehobelt von des Meisters Hand, daß die ganze Menschheit auf ihn blickte. Als ob es nicht noch ganz andere Wettererstatter gäbe als er: Der Frosch! Heute – aufgehängt vor meinem Fenster, lassen ihn die Gewohnheiten der Menschen und ihre Interessen ziemlich kalt. Eine Kohlmeise fragte ihn schüchtern, ob ihm der Winter nichts ausmache. »I wo«, meinte der Thermometer, »ich bin eben aus Holz, und Holz ist Holz. Die künstliche Glasader, die meinen Körper spaltet, zwischen Reaumur und Celsius, schert mich wenig.« Nach einer Weile hörte ich, wie er zur kleinen Kohlmeise sagte: »Klimpere mal mit deinem Schnäbelchen ein bißchen an meiner Ladenscheibe.« Und dann verwünschte er die – »bräche sie doch, wolle der Frost, in Splitter!« Er langweilt mich, dachte die anmutige Kohlmeise, noch obendrein von dem hölzernen Patron gar mit einer hämmernden Spechtin verwechselt zu werden, die an jedem Baumstamm neugierig anzupochen pflegt und die Früchte, kaum eingeschlummert, jeden Abend aufweckt. Und aus ihren einsamen, schwärmerischen Zwitschertönen entnahm ich den begabten, unter den Mitvögeln preisgekrönten Vers:

Wär doch der Winter bald vorüber …
Ich mag den Sommer viel viel lieber.

Der Spatz hackte in seinen Krumen unmanierlich herum, daß das Mehl die Fensterscheibe umnebelte, und es empörte ebenso wie mich auch meine Vogelfreunde, die Krähe vor allem, aber auch nicht minder den Star, die feinfühlenden Töchter der Drossel. Zuguterletzt die von der Kohlmeise geringgeschätzte Vogelfamilie Specht. Zum erstenmal sah ich den lebhaften Vogel ganz in der Nähe von Angesicht zu Angesicht. Ich hätte den Vergleich mit dem entzükkenden Tiere ausgehalten und es, nicht wie die Kohlmeise – allerdings in Schangschang verkleidet – dem Thermometer verübelt. Auch zwei Turteltauben nahten, aus ihrem Taubenschlag entflogen. Ihre roten Guckaugen hatten sie sich wahrscheinlich im Herbst vom Ebereschenbaum gepflückt. »Mit welcher Selbstverständlichkeit der kleinste unter ihnen, der Frechdachs von Spatz, sich über die delikaten Auslagen auf meinem Fensterbrett hermacht«, ertönte eine Stimme. Er beleidigte meine gesamten Gäste. Nicht eine Korinthe im Weizen gönnte er den von mir ebenfalls Geladenen. Ich aber mußte doch heimlich über Spätzlein lachen, nicht ohne der rügenden Schar bescheidene Zurückhaltung und Tournüre zu bewundern. Die kommen nur noch ab und zu, oder auf meinen dringenden einladenden Pfiff angeflogen, denn sie legen keinen Wert darauf, an jedem neu von ihrem lieben Gott geschaffenen Morgen dem unwürdigen, federspritzenden Krumenkampf ausgesetzt zu sein. Dem Spatz ist diese Überspanntheit zu hoch! Kugelrund ist er geworden. Wohlerzogen verzichten seine Vettern und vornehmen Basen auf das von mir servierte Frühstück. Unkundige Beobachter legen den geduldigen, artigen Vogelarten die unedle Eigenschaft, die sich Feigheit nennt, zur Last. Nimmermehr fürchtet der noch dazu weit größer gestaltete Vogel sich vor dem Liliput, wenn's auch von Beruf ein richtiger Straßenräuber ist. Im Gegenteil, sie erkennen in ihrem Gerechtigkeitssinn des Spatzes Unerschrockenheit sogar mit einiger Besorgnis an, wagt er sich bis auf die Tramschienen, den Hafer aus einem zerquetschten, goldenen Kloß zu picken. Adeligen Gemüts tritt die ernste, geheimnisvolle Drossel im schwarzen Einsegnungsfederkleid aus dem Gebüsch hervor. Sie fand ihr Lieblingsgericht und verspeist das Insekt, immer wieder dankend emporblickend. Nie vergißt sie ihr Gebet. Auch weicht sie von ihrer Scholle nicht; alteingesessenes Vogelgeschlecht. Die nach dem Süden ziehen, verzichten. Nehmen sich aber der Adoption, gleich welcher Waisenvögelarten, an. So sah ich mal in einem Neste zwischen junger Krähenbrut eine Amsel ihr Köpfchen recken. Ich habe gerne in die Nester geschaut. Auch besaß ich selbst einen wunderbar schönen Vogel. Der Händler nannte ihn: Den Unvergleichlichen. Mit den Farben des Regenbogens schien er bemalt, bevor er in die Wolken der Welt gesandt. Ich hielt ihn in seinem Käfig wie auf dem Samt eines Etuis. Und stellt ihn gerne in die liebreiche Obhut der Goldmutter mitten in ihrem Schutz. Meiner Allzuvertrauensseligkeit aber fiel mein unvergleichlich fürstlicher Vogel zum Opfer. Tot fand ich ihn am Abend, verbrannt auf dem Boden hinter dem Gitter liegen; der Strahl des Köchers stak ihm noch im Herzen. Da weinte ich sehr … Nimmermehr werde ich einen Vogel gefangen nehmen, auch nicht weiter gefangen halten. Nie ihn von seiner umsichtigen, allwissenden Natur brechen und – verzeih mirs Gott unser guter Schöpfer – ihn in einen Käfig sperren. Auch weiß ein Vogel immer am besten, was ihm bekommt.

Else Lasker-Schüler

Vorlesen

Es gab eine Zeit, da kam Anatole pfeifend zu Fuß oder auf dem Fahrrad die Straße herauf. Heute wirkt sie auf ihn wie ein mit Steinen und Wurzeln übersäter Hochgebirgsweg. Er schimpft über die von gelben Mülltonnen blockierten engen Bürgersteige. Vor jedem Hindernis wirft er wütende Blicke nach links und rechts, sucht vergeblich einen Nachbarn oder Passanten, mit dem er seinen Ärger teilen könnte. Aber schon lange interessiert sich niemand mehr für ihn. [...]

Endlich zuhause. Was ein angenehmer Spaziergang mit einem Besuch beim Bäcker werden sollte, war heute ein Gewaltmarsch. Die Tage, an denen er seinen hageren Körper nur mit großer Mühe bewegen kann, werden immer häufiger. Mit dem frischen Baguette und der Zeitung unter dem Arm betritt er den Garten vor dem Mehrfamilienhaus und streift die duftenden Blätter einer Kletterrose. Eine weiße Katze rekelt sich im Gras und hebt gemächlich den Kopf, als er vorbeigeht. Sie schnuppert die warme Luft und lauscht, geblendet von der Sonne, seinen Schritten.

Anatole folgt dem mit grauen Schieferplatten gepflasterten Weg.

Unter der Birke sitzt ein Mädchen an den Stamm gelehnt und liest so vertieft in einem Kinderbuch, dass es ihn nicht bemerkt.

Jeden Tag fragt sich Anatole, was sie dort unter der Birke tut. Woran denkt sie, wenn sie selbstversunken vor und zurück schaukelt? Was erzählt sie den Ameisen mit so betrübter Miene? Und was lockt die Katzen zu ihr? Spüren sie ihre offensichtliche Traurigkeit?
Ein seltsames Mädchen. Ihre einzigen Freunde sind Katzen, Ameisen und Bücher. Nie lacht sie. Die Kleine ist viel zu ernst. Dass ein klappriger Alter wie er seine Tage mit Lesen und Grübeln verbringt, kann man ja verstehen, aber bei ihr ist es pure Zeitverschwendung. […]

Anatole seufzt. Ein Leben am Lehrerpult, erklären, scherzen, zuhören, korrigieren, ein Leben lang geduldig die Liebe zur Literatur vermitteln, oft genug ins Leere, und das alles, um allein vor dem Fernseher zu enden.
Und nun plötzlich, da er nichts mehr erwartet, setzt sich ein kleines Mädchen unter die Birke und fängt an, mit den Katzen, dem Wind und den Wolken zu sprechen.

Er läuft durchs Zimmer, auf der Suche nach einer Idee. Sein Blick fällt auf den Schnitt eines großen illustrierten Buches. Natürlich! Warum ist er nicht früher darauf gekommen? Jetzt weiß er, woran ihn das kleine Mädchen erinnert. Anatole mustert den Einband: ein winziger Planet, Vulkankrater, eine Rose und ein blonder Junge inmitten der Sterne, blaue, verträumte Augen, sein im Wind wehendes Halstuch.
Er drückt das Buch an sich und geht, ohne noch einmal die Jacke anzuziehen, geradezu beschwingt die Treppe wieder hinunter. Im Garten zögert er erneut, das viel zu ernste Kind anzusprechen, das mit einem Stock Furchen für die Ameisen zieht.
Dann nimmt er seinen ganzen Mut zusammen, geht zu ihr und begrüßt sie mit zugeschnürter Kehle:
»Guten Tag. Ich wohne unter euch, im ersten Stock, ich glaube, wir haben uns schon mal getroffen.«
Sie nickt überrascht. Dann wandert ihr Blick zu dem Buch.
»Kennst du das?«, fragt der Alte.
»*Der Kleine Prinz*«, antwortet sie wie aus der Pistole geschossen.
»Hast du es gelesen?«
Sie schüttelt den Kopf.
»Ich habe bei meiner Cousine die Bilder gesehen, als ich klein war. Ich erinnere mich an einen Jungen, der ganz allein auf seinem Planeten wohnt.«

»Ich sollte mich besser nicht neben dich setzen, sonst kann ich nachher vielleicht nicht wieder aufstehen. Aber wenn du willst, kann ich es dir auf der Bank vorlesen.«
Sie zögert einen Moment. Dann sammelt sie rasch ihre Bücher zusammen und klopft ihre Hose ab. Anatole beobachtet die beiden Katzen neben ihr, die beunruhigt ihren Bewegungen folgen. Er wird sich keine Freunde machen.
»Wie heißt du?«
»Manon. Und Sie?«
»Anatole.«
»Ein Junge in meiner Klasse heißt auch so.«
Er lächelt.
»Anscheinend kommen die alten Namen wieder in Mode.«

Das Mädchen folgt ihm durch den Garten. An der Mauer duftet Flieder. Die mit der Zeit verblichene Holzbank vor den alten Steinen und dem blühenden Strauch scheint auf sie zu warten. Manon setzt sich neben den alten Mann, der sich ungelenk wie ein Roboter niedergelassen hat. Sie wahrt einen gehörigen Abstand, um seinen alterssteifen Arm nicht zu berühren, und beobachtet ihn aus dem Augenwinkel: Seit Monaten ist es das erste Mal, dass jemand ihr Interesse weckt. Es ist auch das erste Mal, dass ihr jemand etwas vorlesen möchte.

Anatole räuspert sich und streicht mit seinen faltigen Fingern über den Einband. »Also dann«, sagt er und schlägt die erste Seite auf. Doch Manon unterbricht ihn, noch bevor er mit dem Lesen begonnen hat. Sie möchte gern mehr über den Alten erfahren. Bisher hat sie ihn immer nur schimpfen gehört. Sie fragt, was er gemacht hat, bevor er alt war.

Er lächelt unwillkürlich. Sein weißes Haar ist zu dünn gesät, um die braunen Flecken auf dem Schädel zu verstecken, und seine Stirn so runzlig wie die Rinde eines Rot-Ahorns. Während er die an einer Kordel hängende Brille aufsetzt, erklärt er, dass er Französischlehrer gewesen sei. Sie denkt einen Moment nach und fragt, ob er streng war.

Anatole spürt die Sorge hinter der Frage. Er möchte Manon gern beruhigen und taucht tief in seine Erinnerungen ein: Er sieht sich, wie er mitten im Winter mit lauter Stimme undisziplinierte Schüler hinaus auf den eisigen Hof schickt und ihnen verbietet, wieder reinzukommen, bevor die Kälte sie zur Vernunft gebracht habe. Dann antwortet er etwas unbehaglich: »Nicht so sehr, nein.« Manons Gesicht entspannt sich.

Nun endlich richtet sie ihre Aufmerksamkeit auf die Illustration der ersten Seite, einen verbeulten braunen Hut. Der Autor, Antoine de Saint-Exupéry, war ein Erwachsener, der nie vergessen hat, dass er ein Kind war, bevor er erwachsen wurde. In einer

Welt voller Kriege und Enttäuschungen, in einer Welt, wo Fantasie von einem gewissen Alter an nicht mehr gefragt war, blieb er immer ein bisschen Kind. Er trug immer diese Zeichnung bei sich, die er als kleiner Junge gemacht hatte und die niemand deuten konnte: Was aussieht wie ein unförmiger Hut, dessen Rand auf der einen Seite viel länger ist als auf der anderen, stellt in Wirklichkeit eine Boa da, die einen Elefanten verdaut.
Anatole freut sich, dass er Manon ein kleines Lachen entlockt. Der Zeichner des Hutes, der keiner ist, verlor den Mut. Die Großen, die nichts begriffen, empfahlen ihm, sich lieber für Geografie, Rechnen und Grammatik zu interessieren. Also gab er seine Laufbahn als Maler auf und wurde Pilot.
Aber er fühlte sich immer einsam. Bis zu einer Panne, die ihn eines Tages zwang, in der Sahara zu landen. Am nächsten Morgen kam ein seltsamer Junge mit einem ungewöhnlichen Wunsch zu ihm:
»Bitte … zeichne mir ein Schaf.«
Die tiefe, ruhige Stimme des Lehrers betont jede Silbe, wie ein Theaterschauspieler. Manon hängt an seinen Lippen.
Als der Pilot das Einzige zeichnet, was er kann, nämlich einen zerbeulten Hut, und der blonde Junge ruft: »Nein! Ich will keinen Elefanten in einer Boa, ich brauche ein Schaf«, unterbricht ihn das Mädchen aufgeregt: »Er ist der Erste, der es versteht!«

Anatole räuspert sich und liest weiter. Eine Katze schmiegt sich an Manons Beine, sie streichelt sie, ohne das Buch aus den Augen zu lassen. Anatole verbirgt seine Verwunderung darüber, dass sie dem schnurrenden Tier zweimal über den Kopf und fünfmal über den Rücken streicht und diese Bewegungen unablässig wiederholt.

Manon erfährt, dass der Kleine Prinz von einem Planeten kommt, der nicht größer als ein Haus ist und auf dem es drei Vulkane gibt, die er jeden Tag putzt. Das Schaf, das er sich wünscht, soll die Affenbrotbäume fressen, die seinen Planeten bedrohen. Der Kleine Prinz hat eine Rose zurückgelassen, die ihm sehr fehlt, die einzige, die es geschafft hat, bei ihm zu wachsen. Diese Blume ist der Mittelpunkt seines Lebens. Aber sie war zu anspruchsvoll, weshalb er weggefahren ist, um andere Welten zu erkunden.

Manon ist verzaubert. Aber es wird spät: Anatoles Abendessen beginnt Punkt neunzehn Uhr. Er klappt das Buch zu. Als ihn seine kleine Nachbarin enttäuscht ansieht, schlägt er ihr vor, am nächsten Tag nach der Schule weiterzulesen. Ihre Wangen röten sich, während sie nickt und ein Lächeln andeutet.

Aude Le Corff

Ein *W*ein voller Weine

Der verlangt einiges, so wie er da steht, das sieht man gleich. Wie lang ist es her, daß ich mir sowas habe gefallen lassen? Egal. Ich bin jedenfalls in den Keller gegangen und habe die Karaffe mit dem dicken Bauch gesucht und diese blöden Gläser, die nicht in die Spülmaschine passen. Man hat ja alles. Man braucht es bloß nicht. Schon fängt die Sache an, nach Auserwähltheit zu riechen, nach Zelebrierung, nach Sekte. Sachte sträubt sich mein Fell.

Er hört auf den Namen *Mazy – Chambertin Grand Cru* und kommt aus dem Burgund, von der Domaine Armand Rousseau. Geboren ist er 1993, das war das Jahr, in dem ich mit dem Weißweintrinken aufgehört habe. Weißwein war das Getränk meiner Mutter, wir tranken zusammen Weißwein bis zu ihrem plötzlichen Tod im Dezember 92, wir mochten die gleichen Weine. Ohne sie schmeckte er mir nicht mehr. Mir wurde schlecht davon, und nervös war ich sowieso. Plötzlich verstand ich das böse kleine Verslein der österreichischen Kaiserin Elisabeth, genannt Sisi – *Für mich keine Liebe / Für mich keinen Wein / Die eine macht übel / Der andere macht spei'n.*

Indessen habe ich den Burgunder aus der Flasche

mit dem altmodischen Etikett langsam in die Karaffe laufen lassen. Am Flaschenboden bleibt dunkler Satz zurück. Ich halte die Karaffe gegen das Licht. Sonderbare Farbe. Wie Herbstblätter. Er ist nicht *hell und klar*, wie seine jüngeren Nachfolger im Internet beschrieben werden. Er riecht auch nicht nach Johannisbeeren. Wie er riecht, weiß ich noch nicht genau. Weinbeschreibungen sind, Geschmack und Geruch begreiflich machen wollend, meistens sehr komisch.

In einem Hofladen irgendwo in der Nähe von Neustadt in der Pfalz habe ich damals ein paar Flaschen simplen Biorotwein gekauft, denn wenn man schon elternlos ist, will man nicht auf Dauer auch noch weinlos bleiben, zumal, wenn man aus einer Winzersippe stammt. Und der harmlose Dornfelder erwies sich als Segen, ein wärmendes Deckchen, das sich über meine Unruhe und Traurigkeit legte. Schlafen konnte ich auch wieder. Nie zuvor hatte ich mir etwas aus Rotwein gemacht, obwohl meine Urgroßmutter eine *bordelaise* gewesen war. Man hatte damals sehr umsichtig geheiratet, die Rotweinfrau aus Bordeaux den Rieslingmann vom Rhein.

Jetzt habe ich das erste Glas vom Burgunder eingeschenkt, ich lasse ihn ein bißchen kreisen, mein Weinkennerfreund Dr. P. würde jetzt seine Nase ins Glas halten, dann schlürfen und ziepschen und wälzen und kauen und schlabbern, es wäre ein schreckliches

Getöse. Ich trinke einfach und warte. Er schmeckt irgendwie braun.

Bordeauxweine mag ich nicht. Ich mag überhaupt offenbar das nicht, was man *große Weine* nennt. Wie oft habe ich, um Gastgeber nicht zu enttäuschen, die gängige Genußprosa von mir gegeben und mir als Gegenleistung sterbenslangweilige Geschichten über Fundort, Entdeckung, Erwerb, Verkostung und sonstige Weinfolklore angehört. Vor allem Rotwein setzt in vielen Menschen die Angebermaschinerie in Gang, weiß der Himmel, warum. Selbst über Geld reden sie in dem Zusammenhang ungeniert.

Jetzt bin ich beim zweiten Glas und versuche, dem Geschmack auf die Schliche zu kommen. Dunkle, etwas matschige Brombeeren. Die Farbe *braun* fällt mir aber immer wieder ein, etwas Herbstliches, nicht mehr Vitales legt sich mir auf die Zunge. Kann man Alter trinken? Macht einen das jünger? Burgunder *macht* etwas mit einem, hat Sch. gesagt. Daran muß ich jetzt denken, obwohl er es sicher anders gemeint hat.

Meine Winzersippe in Rheinhessen gibt es schon lang nicht mehr. Sie waren allesamt ungestüm feiernde, leidenschaftliche und unernste Menschen, temperamentvoll und bezaubernd. Meine Mutter, die ihr entstammte, wünschte sich zeit ihres Lebens etwas von diesem leichten Binger Blut. Das hatte sie nicht geerbt. Nur die Kurzlebigkeit all dieser wunderba-

ren Leute, meiner Mutter gelang es als einziger, wenigstens die sechzig zu überschreiten.
Ich weiß gar nicht, ob sie dort überhaupt Rotwein anbauten. Der kam damals aus Ingelheim oder von der Ahr und sollte bei unerfülltem Kinderwunsch helfen.
Mein Onkel Battist behauptete, daß das klappe. Man müsse die Frauen nur für ein Wochenende zum Rotweintrinken dorthin schicken. Die Winzer würden schon für Erfolg sorgen. Damals wußte ich nicht, wovon die Rede war. Aber Wein kannte ich, den weißen, der in der grünen Flasche ohne Etikett oder gleich im Glaskrug auf dem Tisch stand. Ein Schluck kann dem Kind nichts schaden. Daß ich von Anfang an keinen süßen Wein mochte, gefiel der Sippe. Die wird's zu was bringen!
Das Glas ist leer, ich fülle es wieder, der dunkle Spiegel in der Karaffe ist gesunken. Ein bißchen warmes Brot mit Salz wäre jetzt nicht verkehrt. Der Burgunder schmeckt ernst und gravitätisch, kommt aber in meinem Inneren mit einer gewissen Fröhlichkeit an. Und er holt eine Menge Rotweinerinnerungen zurück, Erinnerungen an seine einfachen, volkstümlichen Brüder, im Schwäbischen, im Badischen, in Frankreich, Italien, Rumänien, Ungarn, ja, sogar in Thailand. In diesen Erinnerungen kommen keine *sommeliers* vor, sondern dicke Wirte mit Schweiß auf den Backen und dreckigen Schürzen. Oder dün-

ne, dunkle Zigeuner. Oder alte Frauen mit Steingutkrügen.
Wie schön, ein Wein, der mir sonst wahrscheinlich nicht begegnet wäre und der noch immer fremd schmeckt, erzählt mir Geschichten von seinen armen Verwandten!
Joachim Fest hat einmal zu mir gesagt, wer deutschen Rotwein trinke, könne nicht als kultiviert gelten. Ich habe nichts geantwortet. Für ein Weinselbstbewußtsein war ich damals noch zu jung, es ist wie bei der bildenden Kunst: Wenn man nichts mit den angepriesenen Dingen anfangen kann, fühlt man sich inferior und schuldig und plappert lieber jeden Unsinn nach, als sein Unverständnis fröhlich zuzugeben.
Mein Weinkennerfreund Dr. P. duldet milde lächelnd, wenn ich mich in die Weinniederungen begebe.
Ach, Südtirol, sagt er dann. Oder: Zu dem müssen Sie doch nicht auch noch Wasser trinken!
Er gehört zu den Menschen, die sehr exklusive Weinproben besuchen und in normalen Lokalen lieber Bier bestellen. Müßte er zu sich nehmen, was mir das Leben leichter und schöner macht, würde er verzweifeln. Allerdings bleibt ihm nicht verborgen, wieviel Lug und Trug in der Welt der edlen Kreszenzen zu finden ist. Darüber kann er so spannend erzählen wie über Seeschlachten oder Schopenhauer. Manchmal veranstaltet er selber Weinproben, bei sich da-

heim. Ich gehe da sehr gern hin und bringe mir ein harmloses Fläschchen mit, damit ich den Kennern die Juwelen nicht versehentlich wegtrinke. Ich höre neugierig zu, wenn die Herren über die Weine reden, über Lagen, Domänen und Jahrgänge, über Abgang und allerlei Noten, über schwarze und rote Früchte, Holz, Schokolade, über Leder und Pfirsiche, ein ganzes Universum olfaktorischer Behauptungen blüht auf und schwingt durch den Raum. Dies ist Weinpoesie, keine Folklore und keine Angeberei. Sie können das alle gut, die Freunde des Herrn Dr. P.

Es ist aber auch schön, allein mit einem Wein, meinethalben diesem sonderbar erwachsenen Burgunder zu sein und sich ihm ganz ohne Geschmacksassoziationen zu überlassen. Ich finde zwischendurch, daß er schmeckt, wie es riecht, wenn man einen Schrank aufmacht, in dem altes Silberzeug steht.

Vielleicht ist es indessen ein bißchen viel Wein, die Erinnerungen fliegen mir um die Ohren, und daß mir so oft Wein beim Heimtransport gestorben ist, fällt mir ausgerechnet jetzt ein. Dem fremden Burgunder gelingt es, alle wieder auferstehen zu lassen, den Roten aus Elba, den aus Cetate, den aus Lourmarin. Mit heimnehmen hatten sie sich nie lassen, kaum waren sie über die Grenze gelangt, hatten sie ihre Seele ausgehaucht.

Sogar an die Weißweine der Vergangenheit kann ich wieder ohne Traurigkeit denken.
A wine full of wines – so hätte Signora F. gesagt, ihr Lob über ein Buch lautete nämlich so: *A book full of books.*
Die Karaffe ist fast leer. Zeit, sich zu verabschieden vom Burgunder, der mit mir etwas *gemacht* hat, was sonst nur Musik oder Bücher können. Er war wie jemand, den man nur einmal im Leben gesehen hat, aber nicht vergessen wird. Ein bißchen anstrengend, dieser Fremde. Aber er hinterläßt eine große Freude aufs Alltägliche, und das ist nun wirklich eine Kunst.

Eva Demski

Yearning tanzen

Ich tanzte zwei Stunden oder länger immerzu, jeden Tanz, auch Tänze, die ich nie gelernt hatte. […] Ein Erlebnis, das mir in fünfzig Jahren unbekannt geblieben war, obwohl jeder Backfisch und Student es kennt, wurde mir in dieser Ballnacht zuteil: das Erlebnis des Festes, der Rausch der Festgemeinschaft, das Geheimnis vom Untergang der Person in der Menge, von der Unio mystica der Freude. Oft hatte ich davon sprechen hören, jeder Dienstmagd war es bekannt, und oft hatte ich das Leuchten im Auge der Erzählenden gesehen und hatte immer halb überlegen, halb neidisch dazu gelächelt. Jenes Strahlen in den trunkenen Augen eines Entrückten, eines von sich selbst Erlösten, jenes Lächeln und halb irre Versunkensein dessen, der im Rausch der Gemeinschaft aufgeht, hatte ich hundertmal im Leben an edlen und an gemeinen Beispielen gesehen, an besoffenen Rekruten und Matrosen ebenso wie an großen Künstlern, etwa im Enthusiasmus festlicher Aufführungen, und nicht minder an jungen Soldaten, die in den Krieg zogen, und noch in jüngster Zeit hatte ich dies Strahlen und Lächeln des glücklich Entrückten bewundert, geliebt, bespöttelt und beneidet an meinem Freunde Pablo, wenn er selig im Rausch des Musizierens im Orchester über seinem Saxophon hing oder dem Dirigenten, dem Trommler, dem Mann mit dem Banjo zuschaute, entzückt, ekstatisch. Solch ein Lächeln, solch ein kindhaftes Strahlen, hatte ich zuweilen gedacht, sei nur ganz jungen Menschen möglich oder solchen Völkern, die sich keine starke Individuation und Differenzierung der einzelnen gestatteten. Aber heute, in dieser gesegneten Nacht, strahlte ich selbst, der Steppenwolf Harry, dies Lächeln, schwamm ich selbst in diesem tiefen, kindhaften, märchenhaften Glück, atmete ich selbst diesen süßen Traum und Rausch aus Gemeinschaft, Musik, Rhythmus, Wein und Geschlechtslust, dessen Lobpreis im Ballbericht irgendeines Studenten ich einst so oft mit Spott und armer Überlegenheit mit angehört hatte. Ich war nicht mehr ich, meine Persönlichkeit war aufgelöst im Festrausch wie Salz im Wasser. Ich tanzte mit dieser oder jener Frau, aber nicht nur sie war es, die ich im Arm hatte, deren Haar mich streifte, deren Duft ich einsog, sondern alle, alle die andern Frauen mit, die im selben Saal, im selben Tanz, in derselben Musik wie ich schwammen und deren strahlende Gesichter wie große phantastische Blumen mir vorüberschwebten, alle gehörten mir, allen gehörte ich, alle hatten wir aneinander teil. Und auch die Männer gehörten dazu, auch in ihnen war ich, auch sie waren mir nicht fremd, ihr Lächeln das meine, ihr Werben das meine, meines das ihre.

Ein neuer Tanz, ein Foxtrott, eroberte sich in jenem Winter die Welt, mit dem Titel »Yearning«. Dieser Yearning wurde einmal ums andre gespielt und immer neu begehrt, alle waren wir von ihm durchtränkt und berauscht, alle summten wir seine Melodie mit. Ich tanzte ununterbrochen, mit jeder Frau, die mir eben in den Weg lief, mit ganz jungen Mädchen, mit blühenden jungen Frauen, mit sommerlich vollreifen, mit wehmütig verblühenden: von allen entzückt, lachend, glücklich, strahlend. Und als Pablo mich so strahlen sah, mich, den er immer als einen sehr beklagenswerten armen Teufel angesehen hatte, da blitzten seine Augen mich glückselig an, er stand begeistert von seinem Orchesterstuhl auf, stieß heftig in sein Horn, stieg auf den Stuhl, stand oben und blies mit vollen Backen und wiegte sich und sein Instrument dazu wild und selig im Takt des Yearning, und ich und meine Tänzerin warfen ihm Kußhände zu und sangen laut mit. Ach, dachte ich zwischenein, mag mit mir geschehen, was da wolle, einmal bin doch auch ich glücklich gewesen, strahlend, meiner selbst entbunden …

Hermann Hesse

Zirkusbesuch

Im Zirkus ist die Erde noch eine Scheibe im Sinne der Alten und der Himmel ist das Zelt. Ringsum der Ozeanfluß, das flutende, brandende, klatschende Publikum, den »Schaumköpfchen« des Meeres vergleichbar, des tausendäugigen. Der Zirkus ist ein Gleichnis der Welt, und du siehst im Laufe einer Vorstellung die blasse, sägmehlbepuderte Scheibe sich bevölkern mit schwarzen, braunen, gelben, weißen Menschen und mit der gezähmten Kreatur beider Hemisphären. Auch das Zeltfirmament belebt sich mit beseelten Planeten, mit schwebenden, schwingenden Himmelskörpern zwischen einem hier sichtbaren System astronomischer Ordnung. Denn alles ist sichtbar in der Zirkuswelt, es fehlt die Rückendeckung des Theaters: von allen Seiten kann sich das Spiel der Gaukler sehen lassen.

Es ist ein Spiel von Mensch zu Mensch, zwischen Mensch und Tier, ja ein Spielen mit dem Tod, und es gehört dazu, daß der Akrobat nach einem halsbrecherischen Kunststück ins Publikum lächelt, als sei das alles gar nicht so schwer, man möge es nicht so ernst nehmen. Künstliche Sonnen lassen alles im rosigsten Licht erscheinen: die kriegerische Marschmusik begleitet nur ein Spiel, die französische Generalslivree ist hier ebenso ungefährlich wie die engli-

sche Uniform der Kapelle. Es gilt die soldatische Ehrenbezeigung der Handaufnahme; Orden aller Potentaten schmücken wohlverdient die Brust, und die Fahnen aller Nationen hängen friedlich beieinander. Weltbürger ist, wer zum Zirkus gehört.
In diesem lebensgroßen Humpty-Dumpty-Spielzeug, in dieser geliebten Welt des Sägemehls, der Gala und des unvergeßlichen Artistenzeremoniells, in diesem Zelt der Spannung und Geistesgegenwärtigkeit wird mühselige, langjährige, gefahrvolle Arbeit so zur Schau gestellt, daß sie heiteres Spiel zu sein scheint. Wenn der Trapezkünstler hoch oben, ehe er zu arbeiten beginnt, so gemächlich herabschaut, so sieht das aus, als wolle er eben mal ein bißchen schaukeln, und der Schein der Mühelosigkeit, als sei das Radschlagen etwa doch das natürliche Fortbewegungsmittel, beschämt den Zuschauer, der jetzt erst bemerkt, was sein Körper alles nicht kann.
Und wenn dann plötzlich die Musik mitten im Satz abbricht und jener kleine Ausruf, dieses kurze Hopp der Bravourleistung erklingt, sind wir ganz verzaubert und außer uns.

Ernst Penzoldt

Quellenverzeichnis

Alain
Reisen, S. 112
Aus: Alain, Die Pflicht, glücklich zu sein. Übersetzt von Albrecht Fabri. © Suhrkamp Verlag Frankfurt am Main 1987

Maria Antas
Putzen, S. 107
Aus: Maria Antas, Wisch und weg. Ein Buch über das Putzen. Aus dem Finnlandschwedischen von Ursel Allemann. Mit Illustrationen von Kat Menschik © Insel Verlag Berlin 2015

Jürgen Becker
Bahnfahren* [Umgebungen], S. 13
Aus: Jürgen Becker, Umgebungen. © Suhrkamp Verlag Frankfurt am Main 1970

Walter Benjamin
Café crème, S. 19
Aus: Walter Benjamin, Denkbilder. © Suhrkamp Verlag Frankfurt am Main 1982

Thomas Bernhard
Fahrrad fahren*, S. 29
Aus: Thomas Bernhard, Kind. In: Autobiographische Schriften. © Residenz Verlag St. Pölten – Wien 2010

Peter Bichsel
Gespräch mit Freunden* [Paris erzählen]; S. 42
Aus: Peter Bichsel, Kolumnen, Kolumnen. © Suhrkamp Verlag Frankfurt am Main 2005.

Lily Brett
Kochen* [Auszug aus »Essen«], S. 61
In: Lily Brett, Zu sehen. Aus dem Amerikanischen von Anne Lösch. © Suhrkamp Verlag Frankfurt am Main 2008
Einkaufsbummel* [Auszug aus: Spandex House], S. 25
Aus: Lily Brett, Immer noch New York. Aus dem amerikanischen Englisch von Melanie Walz. © Suhrkamp Verlag Frankfurt am Main 2014

Eva Demski
Ein Wein voller Weine, S. 145
Aus: Eva Demski, Rund wie die Erde. Kulinarische Geschichten. © Insel Verlag Berlin 2012

Theodor Fontane
Im-Bett-Bleiben*, S. 15
Aus: Theodor Fontane, Lerne denken mit dem Herzen. Selbstbildnis, Lebensweisheit, Weltbetrachtung. Ausgewählt von Karl Christoffel. Verlag Lambert Schneider Heidelberg, o. J.

Gustave Flaubert
Opernbesuch*, S. 98
Aus: Gustave Flaubert, Madame Bovary. Roman. Aus dem Französischen von Maria Dessauer. © Insel Verlag Frankfurt am Main und Leipzig 1996

Max Frisch
Regen*, S. 110
Aus: Max Frisch, Der Mensch erscheint im Holozän. In: Gesammelte Werke in zeitlicher Folge. Band VII: 1976-1985. Herausgegeben von Hans Mayer. © Suhrkamp Verlag Frankfurt am Main 1968

Peter Handke
Der geglückte Tag*, S. 122
Aus: Peter Handke, Versuch über den geglückten Tag. Ein Wintertagtraum. © Suhrkamp Verlag Frankfurt am Main 1991

Hermann Hesse
Urlaub im Schnee*, S. 129
Aus: Winterbrief, 1911. In: Hermann Hesse, Gesammelte Briefe in vier Bänden. In Zusammenarbeit mit Heiner Hesse herausgegeben von Ursula und Volker Michels. © Suhrkamp Verlag Frankfurt am Main 1973-1986
Yearning tanzen*, S. 152
Aus: Hermann Hesse, Steppenwolf. In: Gesammelte Werke in zwölf Bänden. Siebter Band. © Suhrkamp Verlag Frankfurt am Main 1970

Tom Hodgkinson
Brotbacken, S. 16
Aus: Tom Hodgkinson, Schöne alte Welt. Ein praktischer Leitfaden für das Leben auf dem Lande. Aus dem Englischen von Anita Krätzer. Insel Verlag Berlin 2013. © 2011 by Rogner & Bernhard, Berlin, © 2016 by Kein & Aber AG, Zürich – Berlin

Else Lasker-Schüler
Vögel beobachten* [Vögel], S. 132
Aus: Else Lasker-Schüler, Gesammelte Werke in drei Bänden. 3. Band: Verse und Prosa aus dem Nachlaß. Herausgegeben von Werner Kraft. Kösel Verlag München © Jüdischer Verlag im Suhrkamp Verlag Frankfurt am Main

Aude Le Corff
Vorlesen*, S. 138
Aus: Aude Le Corff, Bäume reisen nachts. Roman. Aus dem Französischen von Claudia Steinitz. © Insel Verlag Berlin 2014

Lars Mytting
Holzhacken, S. 46
Aus: Lars Mytting, Der Mann und das Holz. Vom Fällen, Hacken, Feuermachen. Aus dem Norwegischen von Günther Frauenlob und Frank Zuber. © Insel Verlag Berlin 2014

Christine Nöstlinger
Ausspannen!, S. 11

Aus: Christine Nöstlinger, Liebe macht blind – manche bleiben es. Herausgegeben von Hubert Hladej. © 2012 Residenz Verlag GmbH Salzburg – Wien

Cees Nooteboom
Teezeremonie* [Auszug aus »Tee ohne Zucker«], S. 124
In: Cees Nooteboom, Gesammelte Werke. Band 8: Essays und Feuilletons. Aus dem Niederländischen von Helga van Beuningen. Herausgegeben von Susanne Schaber. © Suhrkamp Verlag Frankfurt am Main 2006

Hanns-Josef Ortheil
Die Schönheit der Nacht, S. 92
Aus: Hanns-Josef Ortheil, Venedig. Eine Verführung. Insel Verlag Berlin 2012. © Sanssouci im Carl Hanser Verlag, München 2004

Ernst Penzoldt
Musik der Insel, S. 49
Nichtstun* [Auszug aus »Sand«], S. 96
Aus: Mit eigenen Augen. In: Ernst Penzoldt, Gesammelte Werke in sieben Bänden. Sechster Band. Herausgegeben von Ulla Penzoldt und Volker Michels © Suhrkamp Verlag Frankfurt am Main und Leipzig 1992
Zirkusbesuch* [Auszug aus »Zirkus – ein Gleichnis der Welt«], S. 155
Aus: Gleichnis der Welt. Betrachtungen über Natur, Kunst, Politik, Literatur, Reisen, Menschen und Dinge. In: Ernst Penzoldt, Gesammelte Werke in sieben Bänden. Siebter Band. Herausgegeben von Ulla Penzoldt und Volker Michels © Suhrkamp Verlag Frankfurt am Main und Leipzig 1992

Francis Ponge
Kartoffeln schälen* [Die Kartoffel], S. 58
Aus: Francis Ponge, Ausgewählte Werke. Stücke, Methoden. Deutsch von Gerd Henninger. © S. Fischer Verlag GmbH, Frankfurt am Main 1968

Marcel Proust
Tage des Lesens, S. 78
Aus: Tage des Lesens. In: Marcel Proust, Tage des Lesens. Drei Essays. Aus dem Französischen von Helmut Scheffel. Insel Verlag Frankfurt am Main und Leipzig 2000. © Suhrkamp Verlag Frankfurt am Main 1989

Rainer Maria Rilke
Augenblick*, S. 9
Aus: Rainer Maria Rilke, Fragment von den Einsamen. In: Sämtliche Werke. Herausgegeben vom Rilke Archiv. In Verbindung mit Ruth Sieber-Rilke besorgt durch Ernst Zinn. Band 5. Insel Verlag Frankfurt am Main 1955-1956

Johannes Roth
Der Garten im Winter* [Was macht der Gärtner im Winter], S. 37
Aus: Johannes Roth, Gartenlust. Fünfzig Blumenstücke und Anleitungen zur gärtnerischen Kurzweil. © Insel Verlag Frankfurt am Main und Leipzig 1992

Wilhelm Schmid
Malerei* [Im blühenden Garten], S. 87
Schokopathie, S. 120

Aus: Wilhelm Schmid, Die Fülle des Lebens. 100 Fragmente des Glücks. © Insel Verlag Frankfurt am Main und Leipzig 2006

Wolfdietrich Schnurre
Frühstück* [Was ich für mein Leben gern tue], S. 33
Aus: Wolfdietrich Schnurre, Was ich für mein Leben gern tue. Hand- und Fußnoten. Verlag Ullstein GmbH, Frankfurt am Main / Berlin / Wien 1980. Abdruck mit freundlicher Genehmigung von Marina Schnurre

Felix Timmermans
Schnee*, S. 117
Aus: Felix Timmermans, Pallieter. © Insel Verlag Frankfurt am Main und Leipzig 1992

Rose Tremain
Schlittschuhlaufen*, S. 114
Aus: Rose Tremain, Und damit fing es an. Roman. Aus dem Englischen von Christel Dormagen. © Insel Verlag Berlin 2016

Robert Walser
Dinerabend, S. 21
Aus: Robert Walser, Prosa. Auswahl und Nachwort von Walter Höllerer. © Suhrkamp Verlag Frankfurt am Main 1960 und die Carl Seelig Stiftung, Zürich
Das Lachen, S. 76
Aus: Robert Walser, Kleine Dichtungen © Suhrkamp Verlag Frankfurt am Main 1985 und die Carl Seelig Stiftung, Zürich
Musik, S. 89
Aus: Robert Walser, »Das Beste, was ich über Musik zu sagen weiß«. Herausgegeben und mit einem Nachwort versehen von Roman Brotbeck und Reto Sorg, unter Mitarbeit von Gelgia Caviezel. Insel Verlag Berlin 2016 © Suhrkamp Verlag und und die Carl Seelig Stiftung, Zürich

Jonglieren, S. 56
Aus: Schlesische Sonntagszeitung, März 1944, zit. nach: Reinhold Batberger, Der Jahrhundertjongleur Francis Brunn. Ein Portrait. © Insel Verlag Frankfurt am Main und Leipzig 2008

Die mit * versehenen Titel stammen von der Herausgeberin; die jeweiligen Originaltitel stehen in Klammern dahinter.